山东省社会科学项目·一般项目

Community Interpreting Research
in a Global Perspective

全球视域下的
社区口译研究

刘建军 ◎ 著

中国社会科学出版社

图书在版编目（CIP）数据

全球视域下的社区口译研究／刘建军著 . —北京：中国社会科学
出版社，2014.7
ISBN 978 - 7 - 5161 - 4518 - 0

Ⅰ.①全…　Ⅱ.①刘…　Ⅲ.①社区 - 口译 - 研究　Ⅳ.①H059

中国版本图书馆 CIP 数据核字（2014）第 147432 号

出 版 人	赵剑英
责任编辑	任　明
特约编辑	李晓丽
责任校对	林福国
责任印制	李　建

出　　　版	中国社会科学出版社
社　　　址	北京鼓楼西大街甲 158 号　（邮编100720）
网　　　址	http：//www. csspw. cn
	中文域名：中国社科网　　010 - 64070619
发 行 部	010 - 84083685
门 市 部	010 - 84029450
经　　　销	新华书店及其他书店

印刷装订	北京市兴怀印刷厂
版　　　次	2014 年 7 月第 1 版
印　　　次	2014 年 7 月第 1 次印刷

开　　　本	710 × 1000　1/16
印　　　张	13
插　　　页	2
字　　　数	190 千字
定　　　价	48. 00 元

前　言

　　社区口译被认为是最古老的口译形式，在不同语言的民族或部落之间接触时便产生了社区口译，但对于社区口译的关注和研究却远远落后于会议口译，职业化程度也逊于会议口译，如同水潭中的涟漪难以被人察觉。不同于各国显赫政要、商界名流或学术精英云集的会议口译，社区口译通常是发生在一个国家的社区内部居民之间的口译活动，其场合多为公共服务部门，如医疗卫生、法律、警局、移民部门等，属于对话性的跨语言跨文化的交际行为，也包括为听障人士提供的手语翻译。同笼罩在神秘、高雅、多金光环下的会议口译译员相比，社区口译译员则做着重要且不可或缺、但又默默无闻且收入甚微的工作。20 世纪 90 年代以前，社区口译研究远不及会议口译活跃，研究成果也不如后者丰富，口译学界基本上是会议口译研究一统天下的局面。90 年代，随着全球化进程的加快，全球范围内的人口流动频率加快、数量增多，尤其是涌往欧美发达国家的移民、难民的人数与日俱增，以及欧盟一体化进程导致的欧洲各国间居民自由迁移的增多，各国社会内部日趋国际化和多元化，对社区口译服务的需求也不断增加。同时，各国少数民族和土著居民自我民族意识觉醒，他们更多地要求参与主流社会，享有同等的法律、医疗和社会权利和福利；社会以及法律对聋哑人士、听障人士给予了更多的关心和保障，努力使他们享有正常人所拥有的权利，这些也极大促进了社区口译的职业化发展。口译开始走出国际会议的殿堂，深入日常生活的各个角落。口译研究也迎来了发展的新纪元，从对语言技能和口译认知过程的探究，转向对口译所发生的社会文化语境的关注。口译研究范式也从其传统领域，即基于真实会议口译实践观察的"释意理论范式"、关注口译信息处理、记忆、大脑认知过程的"认知处理范式"和"神经语言学范式"、基于描述性翻译研究和功能主义翻译观的"翻译理论范式",转向了社区口译所倡导的基于话语的对话式交际范式。今天,主流的口译研究仍然落后于笔译研究,很大的原因在于其仍然狭隘单一地关注语言的性质和转换。而着重交际互动和功能的社区口译研究范式从某种程度上已经超越了其母学科,创新的研究方法和范式不断促进着口译的社会化转型。社区口译研究的兴起带动着口译研究开始关注跨文化语言转换、言语和非言语交际以及以目标语和语境为中心的研究方法。不论是从认知还是方法论角度,社区口译研究已经或者还在深刻影响着口译研究未来的发展方向。也可以说,社区口译拓宽了口译研究的视野,推动着它转向社会和文化语境下更宏观的结构因素,从而不断丰富自身的学科内涵。

　　从 20 世纪 60 年代的萌芽状态到今天的蓬勃兴盛,西方发达国家的社区口译职业化程度和研究水平已经发展到了成熟的阶段,建立了包括立法、职业协会、职业操作规范、测试认证、教育培训、科研等较为完整的体系,尤其是法律口译、医疗口译和手语翻译已经成为跨越语言障碍、构建和谐社会不可或缺的组成部分。由于社会制度、法律制度、医疗体系、对外交流和开放程度的差异,加上普通话的大力普及,社区口译在我国的需求较少,职业化起步较晚而且发展缓慢,相关的研究也处在萌芽状态。但随着对外政治、经济和文化交流的扩大、立法的日益完善、来华外籍人口的增多以及对听障残疾人士的关注,社区口译服务的需求也会随之增加,社区口译职业化和研究水平与世界接轨也成必然。本书正是基于上述认识,以全球化的视野从六个部分分析社区口译职业化、学术化、研究模式以及教学培训的发展,为国内社区口译深层次、细化研究和社区口译教育培训课程的设置提供可能的借鉴和参考作用。

　　本书共分六章。第一章"社区口译的基本概念"旨在厘清社区口译研究中的一些基本概念,包括社区口译的定义、社区口译的主要分类以及社区口译与会议口译之间的异同;第二章"社区口译研究的历史沿革"从学科发展的角度阐述了社区口译研究迄今为止的演进历程,主要涵盖社区口译悠久的历史、近代和现代职业化、学术化的进程以及在此基础上兴起的社区口译研究；第三章"社区口译研究途径和理论范式"重点考察了社区口译研究的学科视角、模因（核心理念）、方法论、理论范式和模型；第四章"社区口译研究选题"主要从社区口译产品和译员表现的角度出发，介绍了社区口译研究中常见的或备受关注的研究课题，包括译员素质与能力、译员角色、口译质量、口译话语和策略；第五章"社区口译教学研究"考察了社区口译教学的四个主要环节：课程设置、学生筛选、教学内容和测评；第六章"社区口译研究趋势"展望了在当今全球化和科学信息技术突飞猛进的大环境下社区口译研究的发展方向，包括多元化和全球化的发展趋势、学科交叉融合以及继续引领口译学科研究的社会转向。

本书在编写过程中得到了鲁东大学外国语学院的大力支持，在此表示衷心感谢。由于自身水平限制，本书疏漏在所难免，希望得到同行和读者的批评和指导。

目　　录

第一章　社区口译的基本概念 ……………………………（1）

第一节　社区口译的名称 ………………………………（1）

第二节　社区口译的定义 ………………………………（3）

第三节　社区口译的分类 ………………………………（7）

　　一　医疗口译 …………………………………………（8）

　　二　法律口译 …………………………………………（8）

　　三　手语翻译 …………………………………………（9）

第四节　社区口译和会议口译之异同 …………………（10）

第二章　社区口译研究的历史沿革 ……………………（14）

第一节　社区口译的历史 ………………………………（14）

第二节　社区口译研究的基础——职业化进程 ………（16）

　　一　社区口译职业化模式 …………………………（16）

　　二　立法和职业协会 ………………………………（18）

　　三　社区口译职业伦理和规范 ……………………（22）

　　四　社区口译测评、教育培训和认证 ……………（25）

　　五　社区口译职业化未来进程 ……………………（31）

第三节　社区口译研究的兴起和发展 …………………（34）

　　一　社区口译研究的学术基础 ……………………（34）

　　二　社区口译研究的开端、巩固与融合 …………（36）

　　三　社区口译研究文献计量分析 …………………（42）

第三章　社区口译研究途径和理论范式 ………………（57）

第一节　社区口译研究途径 ……………………………（57）

　　一　社区口译研究学科视角 ………………………（57）

二　社区口译研究的模因 ……………………………（63）

三　社区口译研究的方法论 …………………………（66）

第二节　社区口译研究的理论范式 ……………………（70）

一　理论范式 …………………………………………（70）

二　理论模型 …………………………………………（74）

第四章　社区口译研究选题 ………………………………（79）

第一节　译员素质和能力 ………………………………（79）

一　职业道德素质 ……………………………………（79）

二　译员能力 …………………………………………（82）

第二节　译员角色 ………………………………………（84）

一　译员角色描述 ……………………………………（85）

二　译员角色期待 ……………………………………（91）

三　现实中的角色：矛盾与折中 ……………………（93）

第三节　社区口译质量 …………………………………（96）

第四节　社区口译中的话语 ……………………………（99）

一　话语的语用效果 ………………………………（102）

二　提问方式与技巧 ………………………………（105）

三　语域转换 ………………………………………（107）

四　社区口译话语分析的重要性 …………………（109）

第五节　社区口译中的策略 …………………………（112）

一　应对精神折磨或压力 …………………………（112）

二　应对左右为难的伦理问题 ……………………（113）

三　处理话轮重叠的策略 …………………………（115）

四　处理警察告诫的策略 …………………………（118）

五　译前通报的重要性 ……………………………（121）

第五章　社区口译教学研究 ……………………………（123）

第一节　社区口译教育 ………………………………（123）

一　教育与培训的区别 ……………………………（123）

二　教育的重要性 …………………………………（125）

第二节　社区口译教学课程设置 ………………………（127）

　　一　课程设置的多样性 ………………………………（127）

　　二　课程设置面临的挑战 ……………………………（131）

　　三　学生的筛选 ………………………………………（132）

　　四　教学课程内容和方法 ……………………………（134）

　　五　社区口译教学评估和测试 ………………………（142）

第六章　社区口译研究趋势 ………………………………（147）

第一节　多元化和全球化发展趋势 ………………………（147）

第二节　学科交叉融合 ……………………………………（148）

第三节　引领口译研究的社会转向 ………………………（149）

附录　社区口译职业伦理准则汇编 ………………………（152）

参考文献 ……………………………………………………（177）

第一章　社区口译的基本概念

第一节　社区口译的名称

社区口译（Community Interpreting）可以认为是最古老的口译形式，在不同语言民族之间接触时便产生了社区口译（Roberts，1997：7）。但与兴起于 20 世纪初期的会议口译相比，社区口译在职业化进程和学术研究方面始终没有得到足够重视和普及，只限于一些发达的欧美国家。其发展缓慢的原因之一就是缺乏全球统一的名称。由于社区口译工作场合和参与人员的复杂多样性，国际口译学界对这一口译类型的称谓一直是众说纷纭，莫衷一是。

"社区口译"这个名称最早是在 20 世纪 80 年代由英国的"语言学家学会"（Institute of Linguists，IoL）提出的，是指为警局、法庭和社会服务机构等提供的口译服务①。90 年代初又改称为"公共服务口译"（Public Service Interpreting），主要原因是"community"这个词容易与"European Community"中的"community"混淆，被理解成为欧盟口译。这个概念中的公共服务包括医疗、法律服务和当地政府部门服务，这其中又细分为社会、住房、环境健康和教育福利等服务（Corsellis，1997：80）。但"公共服务口译"这一叫法在加拿大又容易引起误解，"public service"在加拿大等同于"civil service"（行政部门/公务员服务），因此，在加拿大社区口译被叫做"文化口译"

---

① 转引自 Benmaman，V. Legal Interpreting by Any Other Name Is Still Legal Interpreting [A]．In S. E. Carr，R. Roberts，A. Dufour and D. Steyn（eds.）The Critical Link：Interpreters in the Community [C]．Amsterdam/Philadelphia：John Benjamins，1997，p. 179。

（Cultural Interpreting），原因在于口译中"交流的障碍主要源于对交际内容和方式中文化角色的不理解"（Giovannini，1992），译员①需要去解释文化差别和误解，去理解那些不懂官方语言的人所做出的回答和决定背后的真相，以确保他们能够平等全面地享受到公共服务（Roberts，2002：159）。而在以瑞典为代表的北欧国家，社区口译被称为"对话口译"（Dialogue Interpreting），主要突出社区口译有别于会议口译的对话互动的特性，而场合则不限，几乎包括所有的法律、医疗、公共服务、商业外交等场景（Wadensjö，1998；Manson，1999：147）。在社区口译发展较为成熟的澳大利亚，社区口译则被称为"联络口译"（Liaison Interpreting），其所涵盖范围除了上述的法律、医疗和公共服务领域，还包括商务和旅游场合下的口译服务（Gentile 等，1996）。它是一种通常发生在自然对话场合下的口语口译形式，旨在使不懂彼此语言的讲话人能通过译员进行交流。与交传和同传一起构成口译的三种基本形式（Hatim & Mason，1997：36）。联络口译强调的不是场合，而是"风格"（style），它从"技巧"（technique）的角度上不同于交传和同传（Roberts，2002：160）。我国是非移民国家，不存在西方国家因大量移民所形成的社区，因此也多用"联络口译"这个名称。

1996 年第十四届国际译联大会在墨尔本召开，大会成立了社区口译委员会，以迎合全球范围内社区口译快速发展的需求。该委员会对全球的社区口译译员进行了调查，并在强调该类型口译发生的"社区场景"（community context）而非工作方式和途径的前提下，提出了一个新的名称"基于社区的口译"（Community-based Interpreting）②。此外，社区口译还被称为"三方口译"

---

① 根据中国翻译学界约定俗成的惯例，本书使用"译员"（interpreter）一词来特指口译人员。

② 1996 年在澳大利亚的墨尔本召开了第十四届国际译员联盟大会，大会委派澳大利亚口笔译协会委任一名主席成立社区口译委员会，委员均为从事社口的译员。该委员会对全球范围内的社区口译译员进行了调查，了解他们工作的情况，最终提出了"基于社区的口译"一词。

（Three-cornered Interpreting）、"临时口译"（*Ad hoc* Interpreting）
或"陪同口译"（Escort Interpreting）（Gentile et al.，1996：109；
Carr，1997：8）。

尽管由于不同的历史背景、国情需求、传统风俗，社区口译存在
名称使用上的分歧，但该口译活动的性质和涵盖内容却无本质区别，
并且大都是发生在非会议场合（Roberts，1997：8），服务对象都是
一个国家的社区内部居民（Hale，2007：30）。在所有的名称中，"社
区口译"（Community Interpreting）是在译界文章和著作中最为广泛使
用、普及度和接受程度最高的名称（Roberts，1994：127），得到了
越来越多研究者和学者的认可和接受，如著名的加拿大社区口译专家
罗伯茨就提倡使用这个名称（Roberts，2002：161）。从一系列的
"关键链接"社区口译国际大会（Critical Link：Toronto 1995，Van-
couver 1998，Montreal 2001，Stockholm 2004，Sydney 2007，Birming-
ham 2010，Toronto 2013）可以看出，其使用率远远高于"公共服务
口译"、"联络口译"和"文化口译"等。因此，为方便研究需要，
本书统一使用这个名称，并将上述其他类同名称下的研究均归类为
"社区口译"研究。

第二节　社区口译的定义

1984 年，谢克曼在《被理解的权利：社区口译译员工作雇佣培
训指南》一书中写道："社区口译译员的角色和责任不同于商务或会
议口译译员，其职责在于使具有不同背景、期望、知识和权力的服务
方和客户进行交流直至互相满意。客户主要是指移民、难民、迁移的
工人和子女等。"（Shackman，1984）虽然她没有直接给出社区口译
的定义，但是我们可以看出，社区口译是一种不同于会议口译和商务
口译的三方交流活动，服务方和客户具有不对等的背景和关系。1989
年，阿巴斯提出，"社区口译是口译形式的一种，主要用来帮助不懂
本地语言的移民获得完全而平等的、法律所赋予的各种服务，如

法律、教育、本地政府和社会服务等"。① 这些较早的定义至今仍适用。

1992 年，瑞典学者瓦登斯约（Wadensjö，1992：48）将社区口译称为"对话口译"，认为这种口译形式是一种面对面的对话式互动，而非会议口译中隔离式的独白口译（monological），译员通常在公共服务场合下工作，为那些无法用共同语言沟通的社会机构代表和普通人服务。米克尔森（Mikkelson，1996：126—127）也从服务对象上区别了社区口译和其他种类口译的不同，她认为社区口译译员主要为一个社区内的居民提供服务，而不是外交人员、会议代表和商人等。简太尔等人（Getile et al.，1996）则将发生商务、法律、医疗、教育、福利和移民等机构，或是在使用各主流语言和土著语言的人群之间发生的口译行为，以及在一些非正式场合产生的旅游、教育和文化联系的口译活动，通称为社区口译，译员以交传的方式当场进行翻译。

1995 年 6 月，首届社区口译国际大会在加拿大多伦多的日内瓦公园召开，来自于全球 250 多名学者和口译从业人员汇集一堂，探讨法庭、卫生和社区服务领域内的口译活动，并以"关键链接"（Critical Link）这个词——社区口译的作用所在——命名会议。大会召开前的声明中明确提出了社区口译的定义：

> 社区口译旨在帮助那些不能熟练使用所在国官方语言与公共服务机构进行沟通交流的人们，使他们能够获得完全而平等的法律、医疗、教育、政府和社会服务。②

---

① 转引自 Roda P. Roberts. Overview of Community Interpreting［A］．In S. E. Carr, R. Roberts, A. Dufour and D. Steyn（eds.）The Critical Link：Interpreters in the Community［C］. Amsterdam/Philadelphia：John Benjamins，1997，p. 8。

② 转引自 Roda P. Roberts. Community Interpreting：A Profession in Search of Its Identity［A］．In E. Huang（ed.）Teaching Translation and Interpreting 4：Building Bridges［C］. Amsterdam /Philadelphia：John Benjamins，2002，p. 158。

该定义明显借鉴了阿巴斯的观点，体现了社区口译在服务对象、目的和场合上的三个突出特点：（1）社区口译有两方服务对象，一方是不能熟练使用所在国官方语言的人，通常是避难者和新移民；另一方则是公共服务的提供方，如社会福利官员、医生、律师或学校官员等；（2）口译的目的是使无法熟练使用官方语言的人能够获得与其他人一样的公共服务；（3）口译是在法律、医疗、教育、政府和社会服务场合下进行的（Roberts，2002：158）。

1998 年备受全球翻译界推崇的《翻译研究百科全书》[①] 问世，来自 30 多个国家的 90 多名学者对翻译研究进行了事无巨细的总揽，其中，瓦登斯约对社区口译进行了重新定义：

> 社区口译是发生在公共服务场合下的一种口译形式，旨在方便官员和普通居民之间的交流，这些场合包括警察局、移民局、社会福利中心、医疗和心理健康中心、学校及其他类似场所。社区口译通常是以双向交替传译方式进行，包括面对面口译和电话口译，它可能是世界上最常见的口译形式。（Wadensjö，1998：33）

但随着关于社区口译名称争议的加剧，1996 年在第十四届国际译联大会上成立的社区口译委员会提出了"基于社区的口译"（Community-based Interpreting）一词，希望用它来代替颇有争议"Community Interpreting"，并将其重新定义为：

> 发生在社区内日常或紧急情况下的任何口译活动，可能的场合包括医疗、教育、社会服务、法律和商务。（Chesher 等，2003：276）

---

① 由英国曼彻斯特大学蒙娜贝克教授主编，至今仍被公认为国际翻译界最具权威的翻译研究参考书，其引用率之高几乎创文科之最。

2007 年澳大利亚著名社区口译学者黑尔教授出版了《社区口译》（*CommuintyInterpreting*）一书，笔者认为该书为迄今为止最为详尽、最具深度的社区口译研究专著。黑尔在对比分析以往社区口译定义的基础上，将其定义为：不同于发生在多国代表之间的会议口译，发生在一个国家的社区内部居民之间的口译活动（Hale，2007：30）。该定义与"基于社区的口译"定义类似，都着重该类口译形式的"社区场合"。

四川大学任文教授的定义能使读者更好地理解这一口译形式。她在总结已有定义，尤其是联络口译①的基础上，结合移民国家和非移民国家的实际情况，提出了自己对这一口译形式的具体理解：

> 发生在社区、译员、学校、法庭、警局、旅游景点、公司企业、生产或建设工地、政府服务部门、媒体机构、训练或比赛场馆等场合，有译员在现场或通过远程技术，主要以交替传译（有时也采用耳语翻译）的方式所进行的口译，包括在母语与外语之间、官方语言（或主流语言）与少数民族语言之间进行的口译，也包括同样场合下发生的手语翻译。（任文，2010：10）

相比上述比较抽象、概括的定义，丹麦奥胡斯大学雅克布森的定义或者说解释更简单具体、容易理解：

> 场合：社区口译译员通常在公共机构场合下工作，如警察质询、法庭、移民听证、驾照考试、课堂互动、医患咨询、营养专家咨询、招聘谈话等。
> 参与方：三方交流（triadic），机构专职人员（警察、律师、医生、心理学家、教授、社会义工）、非机构专职人员（不通晓

---

① 任文教授更倾向于使用"联络口译"这一术语，认为"社区口译"常被西方移民国家使用，而中国、日本等非移民国家则很少提及。

或不熟悉官方语言的一方）、社区口译译员。

　　语言模式：口语或手语。

　　交流方式：面对面对话、电话或视频。

　　口译模式：同传、交传或视阅翻译。

（Jacobsen，2009：158—159）

第三节　社区口译的分类

　　罗伯茨（Roberts，1999：9）认为根据场合至少可以将社区口译分为三类：公共服务口译、医疗口译和法律口译。瓦登斯约在《翻译研究百科全书》中则认为社区口译中几个明显需要职业技能的领域包括医疗口译、精神治疗口译、教育口译和法律口译（Wadensjö，1998：33）。澳大利亚的黑尔教授则认为社区口译这个大项下主要涵盖两个分项：医疗口译和法律口译。而其他社区口译的形式大多特点多样化，很难归结成类，如社会福利口译、移民口译和教育口译。手语和土著语口译虽具有不同于其他语言的特性，也应归于社区口译（Hale，2007：30）。

　　口译学界对法律口译中的法庭口译的归类稍有争议，部分学者认为法庭口译发展较早且已成熟，有着自身严格的测试和认证体系，固定的程序和内容，应该单列出来，独创门派。但大部分学者认为法庭口译在目的、参与各方的类型、人数、话语、口译模式、角色期待等方面都具有社区口译的共性，如对话式的互动、口译三方的近距离接触、现场语境对口译的限制和影响等，因此还应该把它归为社区口译中的法律口译。笔者则认为一些大型的国际法庭审判，如纽伦堡审判、东京审判、国际海牙法庭审判等，已经远远超出了社区的范围，可以划入会议口译或者单独成一类。但是发生在一个国家内部的规模较小的法庭审判口译则仍属于社区口译范畴。此外，手语翻译具有社区场合下口语口译（Spoken Language Interpreting）所有的互动特性，因此也应纳入社区口译项下。因此，本研究倾向于将社区口译分为医疗口译、法律口译和手语翻译①三大类。

一　医疗口译

医疗口译（Medical Interpreting/ Healthcare Interpreting）是指译员在医疗咨询、诊断或治疗过程中为医务人员和患者进行交流提供的口译行为，包括发生在任何医疗背景下的口译活动，如医生办公室、诊所、医院、家庭健康探访、心理健康诊所以及公共健康展示等，其中最典型的是医护人员（医生、护士或实验室人员）与患者（或者其家庭成员）之间的谈话口译。

医疗口译的场合十分多样化，从日常的诊所健康咨询、医院的诊断和治疗到心理健康咨询、精神治疗再到交通事故、犯罪现场的急救。在发达的欧美国家，从事医疗口译的译员必须通过一定的考试认证才能上岗。美国是全球医疗口译系统最为发达的国家。由于政府推行了反歧视法律，促成了越来越多技能熟练的职业译员的就业，为职业化组织的建立打下了基础。1998 年，美国国家医疗口译委员会（National Council on Interpreting in Health Care，NCIHC）成立，旨在推广合格的职业医疗口译，帮助非流利英语水平的个人获得平等的医疗待遇。同时，制定全国的医疗口译标准、译员伦理规范和认证制度，以确保医疗口译质量，保护客户和译员的权利②。

二　法律口译

法律口译（Legal Interpreting）是指涉及法律领域所有场合下的口译行为，包括执法部门问询、律师和当事人谈话（可能在律师办公室、公共服务机构或者监狱）、宣誓作证、涉及社会安全、雇员补偿、解雇或残疾、移民、加入国籍等各方面的听证会、家庭法庭、大陪审

---

①　手语翻译虽然是无声的，但它也是具有即时性和现场性的面对面人际语言交往活动，因此也属于口译的一个类型。英文"interpreting"其实是包含了手语翻译这一类型的，而汉语"口译"一词因使用了"口"字而无法体现。本书中讨论的"社区口译"均包含了手语翻译。

②　Available on line at http：//www. ncihc. org/publications（accessed 11 December 2010）.

团听证以及所有民事和刑事法庭等（Benmanman，1999：179）。法律口译中最重要的组成部分、且职业化程度最为成熟的是法庭口译。法庭口译经常被用作法律口译的代名词。大部分关于法律口译的研究均集中在法庭这个重要场合，原因有两点：一是部分法庭审判的公开性，使法庭口译有记录可循；二是法庭有许多规矩、传统程序和仪式，对口译的质量都有一定的影响作用，很值得研究（Hale，2007：65）。

　　美国是最早为法庭口译进行系统立法的国家，1966 年修正的《联邦刑事诉讼程序法规》第 28（b）条规定，法院有权自行指定口译人员，其翻译费用从法律规定或政府提供的经费中支出。1978 年通过的《法庭口译员法案》（1978 *Court Interprter Act*）规定，刑事案件或美国政府为一方当事人的民事诉讼中，倘若主审法官认定当事人或证人为不通晓英语或为聋哑人士，以致不能了解程序之进行从而无法与其律师或法官沟通时，法官应使用具翻译资格的口译员[①]。其他一些发达的移民国家，如澳大利亚、瑞典、加拿大等，也先后出台了法庭口译的立法。因此，法庭译员也必须通过严格考试和认证后才能上岗。

三　手语翻译

　　手语（Signed Language）是指通过手和面部表情以及身体其他部位的运动来表达思想，它是聋哑人或听障人士表达感情、获得信息的主要途径。而手语翻译（Sign Language Interpreting）则是指手语和口语（spoken language）之间的互译，是帮助听力正常的人与聋哑人或听障人士之间交流的口译形式，通常采用交传或同传的方式。各国的手语也不尽相同，比较常见的有美国手语（American Sign Language，ASL）和英国手语（British Sign Language，BSL）。手语翻译译员的工作贯穿聋哑或听障人士的日常生活，如预约医生、婚姻咨询、应聘面

---

　　① 转引自张新红、李克兴《法律文本与法律翻译》，中国对外翻译出版公司 2006 年版，第 429 页。

试、课堂学习、婚礼乃至心理治疗。

与法庭口译一样，手语翻译也是发展较早且职业化程度较高的职业，尤其是在美国和加拿大。在 20 世纪 70 年代手语翻译就已领先于其他社区口译形式，美国先后成立了两个手语翻译组织：手语译员注册中心（Registry of Interpreters for Deaf，RID）和聋哑人全国协会（National Association of the Deaf，NAD）。RID 制定了一系列的手语翻译执业标准、伦理规范以及培训、评估和认证体系，其发挥的作用不亚于著名的国际会议译员协会（International Association of Conference Interpreters，AIIC），许多行业规范和标准都被后来兴起的其他社区口译形式所借鉴（Pöchhacker，2004：29）。

第四节　社区口译和会议口译之异同

社区口译和会议口译（Conference Interpreting）都是口译的一种形式，具有相同的口译本质，即把一人用源语表达的信息转换成译语传达给另一人或多人，都是跨语言、跨文化的交际行为。二者都要求译员具有基本的口译技能，如听辨能力、记忆力、笔记能力等，都要求高标准的口译质量和遵循同样的职业伦理规范。但由于二者在具体的工作场合、参与方等方面的截然不同，导致了口译目的、口译模式、交际语境、译员角色等方面的较大差异，许多学者从不同的视角对二者的差别进行了研究。

加拿大的罗伯茨三次论述了社区口译和会议口译的异同。最早在 1994 年美国译联（American Translators Association，ATA）第 35 届年会上，她就提出了社区口译区别于会议口译的六个特点：（1）主要在社会服务机构场合（institutional settings）下工作；（2）口译的是对话式互动（dialogue-like interaction）而非讲话；（3）通常为双向口译（译入和译出）；（4）显而易见的存在（noticeable presence）；（5）多语言（包括非官方语言的少数民族语言）；（6）通常被视为"支持者"（advocate）或"文化掮客"（cultural broker）而非中立的身份（Roberts，1994：127—138）。

　　1995 年在第一届社区口译国际大会上，罗伯茨又从译员扮演角色的角度分析了社区口译和其他口译形式的不同之处，提出了"参与者"（participant）和"援助"（assistance）的新概念（Robers，1997：10—16）。她认为社区口译译员不是传统意义上不参与的"传话筒"（conduit），而是积极参与交际活动的"第三方"（third participant），比任何其他相对"机械"（mechanical）的口译形式都更加"人际化"（interpersonal）。此外，社区口译的定义中都直接或间接地包含了援助和服务的作用，格尔克（Gehrke，1993：420）更直接地称社区口译是口译和社工（social work）两种职业的结合。除了语言上的援助，社区口译员还扮演着完全不同于会议口译员的援助角色，即"支持者"（advocate），保护和支持其所服务的弱势客户（underprivileged client），充当其"向导"、"顾问"和"权力掮客"（power broker）。

　　这之后于 1996 年，澳大利亚的简泰尔等也提出了社区口译不同于会议口译的五个特点：与客户的近距离接触、客户间信息不对等、客户间地位不对等、双向传译和单独工作（Gentile et al.，1996：18）。在加拿大口笔译服务机构 Across Languages Translation and Interpretation Service 工作的加博总结分析了该机构向外派出的 35000 多次医疗、法律和社区服务口译，发现几乎所有的口译活动都具有不会发生在会议口译和外交口译场合的 5 个特性，即：面对面"会见式"场合下（interview setting）的口译，对话方一边是专职的或非专职的服务提供方（service provider），另一边是需要服务的客户（client）；客户因为生活中的某种危机（crisis）而需要口译；如果双方交流被误解，客户的危机则会加剧；双方除了语言不通外，还缺乏对彼此文化的了解；服务提供方拥有几乎所有的权力，包括提供或终止服务的权力。加博认为，了解这些区别有助于理解社区口译员的角色、伦理规则、标准以及培训（Garber，2000：16）。

　　2002 年，罗伯茨再次在《社区口译：未明身份的职业》（"Community Interpreting：A Profession in Search of Its Identity"）一文中论述了社区口译和会议口译的区别，认为二者的口译目的（objective）不同，社区口译的目的是帮助不通晓官方语言的人获得平等的公共服务，而会议口译的目的则是在持不同语言的人之间促成信息和思想的交流；二者参与方及数量完全不同，社区口译的参与方通常为两人，一方是不懂官方语言的讲话人（难民或新移民），另一方是公共服务提供方（福利机构官员、医生或律师），双方地位和权力不对等；会议口译员面对的则是地位和权力基本相等的一群人；二者的口译模式也不尽相同，社区口译主要使用短交传（short consecutive），而会议口译则是同传和长交传（long consecutive）；口译的方向也不同，社区口译是外语到官方语言、官方语言到外语的双向互译，而会议口译则仅是一种语言的单向传译（Roberts，2002：161—162）。同年，丹麦奥胡斯商学院的雅克布森（Jacobsen，2002：6）在其博士论文中，也对社区口译和会议口译进行了对比（参见表1-1）。

表1-1　　　　　　　　　社区口译与会议口译对比

社区口译	会议口译
对话（通常，但不总是两名讲话人）	独白
即席讲话（有一些可能是提前准备）	提前准备的讲话（通常为有稿的材料）
短话轮（相对而言）	持续的话轮（sustained turns）
双向口译（bi-directional）	单向口译（uni-directional）

随着口译研究这门年轻学科的不断发展成熟，更多学者尝试从综合的角度分析会议口译和社区口译的异同。著名的奥地利口译学者波赫哈克（Pöchhacker，2004：13—17）在《口译研究概论》（*Introducing Interpreting Studies*）一书中就对二者进行了清晰的综合对比，他以"社会互动场景"（social context of interaction）为参照标准，将所有的口译活动分为"社会之间"（inter-social）和"社会之内"（intra-social）口译，其中社会之间口译主要是指会议口译，发生在来自不同社会（国家）、具有不同语言和文化背景的参与方之间。而社区口译则属于社会之内的口译行为，发生在一个多种族的社会内部、持不同语言（heterolingual）的参与方之间。或者说对话者在相同的政治社会体系下生活和工作（Gentile et al.，1996：109）。会议口译是多边的（multilateral），译员要一人面对与会的多人，采取独白的方式

（monologic）进行传译，而参与各方具有基本相同的职业、社会地位或权力，在交流中处于平等地位；社区口译则是双边的（bilateral），译员一般面对面采取对话的方式（dialogic）进行传译，参与方通常具有不同的职业、社会地位或权力，如难民、移民、犯罪嫌疑人面对移民官员、警察和法官等，在交流中处于不等的地位，如病人对医生（Pöchhacker，2004：17）。

2007 年澳大利亚学者黑尔在其《社区口译》一书中用一个章节详细论述了二者的不同，从独特的视角提出了许多前所未有的新观点：从语域（register）上看，会议口译总体上比较正式，而社区口译则跨度较大，从非常正式到非常随意都有；从空间关系学（Prox-emics）的角度看，会议口译远离讲话人，通常隔离在译员厢中，而社区口译近距离接触讲话人，更多的融入互动中；会议口译的方式多为依靠设备的同传，有时也用交传，而社区口译除了多用短交传外，还使用长交传、同传（耳语）和视阅翻译（Sight Translation）；在准确程度上，会议口译为中等，而社区口译则较高；不准确传译的后果，会议口译为中等，而社区口译则为严重（Hale，2007：32）。

尽管上面探讨了二者之间的诸多不同，但本质上二者都是口译的主要形式，从逻辑、实践和理论的角度来看，以工作场景的不同等来区分二者没有太大的意义，尤其是在市场环境下译员必须能胜任各种情况下的工作才能得以谋生。正如阿列谢娃所说："现实中以译员为媒介的口译活动存在着诸多变量，要理清全部或者大部分存在着方法上的困难……诸多口译现象之间的界限仿佛是流动，不要寄希望于一个一清二楚的分类。"（Alexieva，2002：221）从目前的职业化的程度来看，会议口译远远领先于社区口译，职业地位和社会认可程度也日益上升，因此会议口译无意将社区口译纳入其范畴，担心会削弱其已有的地位；而社区口译也担心失去刚获得的身份或被会议口译贬低，正努力加快职业化进程。二者合并为单一职业或者成立统一的职业协会的可能性不大，但二者可以互相学习和借鉴，尤其是社区口译急需学习会议口译职业化过程中的得与失（如职业标准、测评、教育和培训等），只有这样才能够尽快完善职业化，造福所有的译员。

第二章 社区口译研究的历史沿革

第一节 社区口译的历史

    早在文字产生之前，语言不通的双方就需要借助口译来进行交流，这使口译成为人类最古老的活动之一，译员则或许是最古老的职业之一（Gentile et al.，1996：5）。而社区口译可以说是出现最早的口译形式，同 20 世纪前半叶才出现的会议口译相比，不同语言的种族在相遇的那一刻起就产生了社区口译（Roberts，1997：7）。早在书面文字产生之前，不同部落、种族之间在战争、贸易、宗教祭祀、生产或礼仪交往中就必须通过手势、画图以及口译等方式进行交流沟通。远在公元前 3000 多年法老统治的古埃及，只有本国人才被认为是真正的"人或人类"，而其他种族都被认为是"野蛮人"（barbarians）。寺庙和墓碑上刻载了外族人作为囚犯或臣仆向朝廷进贡的场景，他们所说的语言不是本族语，而是翻译后的语言。在金字塔时期末年，关于译员的记载越来越多地出现在阿斯旺埃里芬廷省（Aswan Elephantine）的碑文中，当时的统治者被称为"译员监督"（overseer of dragomans），可见译员的重要性，他们不但穿梭于努比亚人（Nubians）和埃及人之间，而且还为那些远征苏丹的头人们服务（Hermann，1956/2002：16）。

    在近代，最早有记载的社区口译可追溯到欧洲殖民者统治美洲期间。在哥伦布发现美洲新大陆后，他便将 6 名土著印第安人带回西班牙学习西班牙语，在返回中美洲后，利用他们充当译员。1519—1526年，在西班牙殖民者厄兰·科蒂斯（Hernán Cortés）征服墨西哥阿兹塔克（Aztec）王朝的过程中，当地的印第安女子多娜玛·丽娜

（Doña Marina）发挥了重要的作用，她不仅是科蒂斯的译员，负责将那瓦特语（Nahuatl）译成玛雅语和西班牙语，而且还充当着"文化掮客"（cultural mediator）和谈判人的角色（Karttunen，1994），至今墨西哥人对她的评价还是存在很大的争议。1534 年，加拿大的法国殖民者卡迪尔（Cartier）绑架了两名易洛魁人（Iroquois），带到法国学习法语，八个月后将他们带回加拿大，充当法国人与易洛魁人交流中的译员（Delisle，1977：5—14）。有趣的是，这些译员没有遵守"中立原则"（impartiality）——最基本的伦理准则之一，在涉及利益冲突时，他们忠诚于自己的部落，从未和法国人合作。17 世纪初，法国殖民者企图在北美建立永久的贸易地，需要同当地的印第安人部落交流并劝说他们交易毛皮。因此，殖民者开始雇用定居殖民地且通晓双语的法国人作为译员，这些已经接受了印第安人生活方式的译员，不仅作为语言中介，而且还充当贸易代理、外交家和向导，他们开启了北美的社区口译历史（Roberts，1997：7）。

随着欧洲殖民者在美洲统治地位的巩固，译员的工作量及需求也日益增加。16 世纪，西班牙王室开始立法约束在美洲殖民地工作的译员，出台了殖民地法案（*Recopilacion* 1791），其中有 14 条法律涉及译员在处理当地居民法律和管理事务方面时的行为规范，如：译员应该具备必要的素质和能力并由法院支付报酬，译员不能接受或要求任何礼品，不能与印第安客户私自会面，不能支持印第安人等①。这些法律条款可以说是社区口译员最早的伦理规范雏形。更令人惊讶的是，1548 年当时的墨西哥地区总督安东尼奥·德·门多萨专门制定了译员标准：译员必须宣誓保证认真忠实地履行职责，清楚而直接地表达，不能隐瞒或添加，不能倾向于任何一方，除了报酬外不能从工作中谋取任何利益。这些标准即便拿到今天也仍不过时。因此，同 20 世纪 50 年代才制定了伦理规范的会议口译相比，社区口译的渊源历史足以令其羡慕。波赫哈克感慨道："虽然以我对口译的理解不允

---

①　转引自 F. Pöchhacker and M. Shlesinger. *Healthcare Interpreting：Discourse and Interaction.* [M]. Amsterdam/ Philadelphia：John Benjamins，2007，p. 13。

许我说社区口译是世界上最古老的口译形式，但是古老的西班牙译员伦理规范……说明社区口译员的职业有着多么令人惊讶的历史。"（Pöchhacker，2007：14）

第二节　社区口译研究的基础——职业化进程

什么是职业？职业就是共享一门技能的一群人，为了保护其客户、自身或其他领域的专业知识及同事而承诺遵守统一的价值观，职业超越其成员的个人利益（Corsellis，2007：140）。为了达到规范的要求，该职业要建立透明的、可信赖的、可持续的全国性的体系，包括：筛选、上岗前和岗上培训、评估和达标、注册、标准操作、质量保证和纪律措施。职业化则意味着为了延续某项适当行为而建立正式的可共享的伦理规范，其特点是情感中立，从业者对待所有客户一视同仁，加入该职业要通过培训而不是继承等①。此外职业化还意味着该职业和其从业者要得到社会的认可，其中包括对体现职业特点的专门技能的认可，得到公众和其他职业认可的工作方法和态度，培训项目和从业要求等。只有建立规范的职业化体系才能最大限度地保护客户的利益，确保从业者掌握高层次的技能和准确的判断力。

深入理解一门职业及其职业化过程对于从业者教育培训至关重要，社区口译亦是如此。社区口译学员通常来自不同的文化背景，年龄阶段也不同，共同掌握和分享该职业的架构脉络和基本原则可以更好地指导他们的学习和实践；同样对于客户，不管他们来自于那种语言国家，都能够平等、清楚地了解上述的原则和架构（Corsellis，2008：82）。

一　社区口译职业化模式

与 20 世纪 50 年代后会议口译职业化浪潮相比，社区口译的职业

---

①　转引自 Cecilia Wadensjö. *Interpreting as Interaction* ［M］. New York：Longman，1998，p. 58。

化过程就如水中涟漪令人难以察觉（Pöchhacker，2004：29）。尽管社区口译早已经存在，但是它们在职业口译服务中所占比例甚小，同光环下地位显赫的会议口译相比，社区口译甚至不被认可为真正的口译，人们想当然地认为只要懂外语就可以胜任，根本不需要专门的技巧和培训，更不用说建立独立学科进行研究。当穿梭于云集了各国高级政要、商界名流或学术精英的各种会议之间的会议传译人员愈来愈被多金的光环笼罩时，社区口译员却奔波于医院、社区、学校、法庭、警局，做着不可或缺但却默默无闻且收入甚微的工作（任文，2010：24）。在首届全球社区口译大会上，波赫哈克用《有人在吗?》（*Is There Anybody Out There*）作为发言题目，生动地比喻了社区口译不被注意的边缘化地位，同处在口译"第一世界"的会议口译相比，社区口译的代表或从业者如同身处"第三世界"，其声音往往被忽略（Pöchhacker，1997：215）。

随着政治、经济、文化全球化的发展，各国社会内部日趋国际化和多元化，尤其是随着全球范围内的工作迁移、移民和难民的增加，使社区口译员的需求不断增加。此外，随着各国少数民族和土著居民自我民族意识的觉醒，他们更多地要求参与主流社会，享有同等的法律、医疗和社会权利和福利。同时，社会以及法律对聋哑人士、听障人士给予了更多的关心和保障，努力使他们享有正常人所拥有的权利。这些也极大促进了社区口译的职业化发展。

社区口译的职业化模式与会议口译不同。台湾学者曾文中教授以台湾会议口译市场为参考，提出了口译职业化过程模式。该模式描述了口译职业发展的四个阶段：市场混乱、共识和承诺、职业协会、立法及职业自主性。从第一阶段"市场混乱"到第三阶段"职业协会"的成立，都有教学培训机构的存在和作用。在第四阶段，经过职业协会和公众的政治劝说，立法当局制定相应法律法规认可该行业并颁发许可证（Tseng，1992：43）。该模式更加适合于会议口译，尤其是教学培训机构所发挥的重要作用，正如会议口译职业化初期，德国曼海姆口译学校、日内瓦和维也纳等地的口译学校以及后来著名的国际口笔译高等教育机构常设理事会院校（CIUTI）①，都对会议口译的职业化起了极大促进作用。社区口译职业的形成不仅仅是源于移民、难民的增多，更多的是由各国有关人权和残疾人保障等法律法规所促成的。法律要求赋予不能熟练使用官方语言或具有语言障碍的人士平等的司法、医疗和社会权利，从而促使了越来越多职业社区口译员的出现。因此，笔者认为社区口译的职业化进程的四个阶段应为：市场混乱、立法、共识和承诺（职业道德和标准的建立）、职业协会及职业自主性（培训、认证和准入）。

二　立法和职业协会

在社区口译职业形成的第一阶段，法庭、警局、医院、社区服务多依赖"临时译员"与不懂官方语言的讲话人进行交流沟通，这些"临时译员"大多是讲话人的亲属、朋友、邻里或者是由上述机构的工作人员临时充当，他们都未受过职业训练，无职业伦理规范的约束，口译质量和效果参差不齐。20 世纪 50 年代开始，欧美一些主要移民国家相继出台法律规定来强制社区译员，尤其是受训译员、认证译员的使用，从而促进了社区口译职业协会的成立以及相关测试和认证机制的建立。

法律口译的职业化最为成熟，主要得益于国际间的人权公约和各国相对应制定的法律，要求任何人在法庭上或其他法律场合都有权无偿得到译员的帮助。

澳大利亚于 1914 年就通过了《犯罪法案 1914》（*Crimes Act 1914*），明确规定：在审问犯罪嫌疑人时，如果调查官员合理地认为嫌疑人由于缺乏足够语言知识或身体能力缺陷而无法流利地进行口头交流，其必须在开始询问之前，安排一名译员到场，译员不到场不得开始询问或调查（Laster and Taylor, 1994：137）。

---

①　1960 年遵守 AIIC 标准的口笔译学校联合组建了 CIUTI，包括日内瓦、海德堡、巴黎、特里亚斯特和维也纳的大学院系。虽然隶属于大学，但它却有着很强的职业化特色。参见网站 http：//www.ciuti.org/。

瑞典于 1942 年制定了《瑞典司法程序法典》，1948 年正式施行，其中第五章第六部分中规定：“如果法庭传唤的任何一方、证人或任何人不能理解或说瑞典语，应有指派译员协助法庭，否则法庭可以指派其认为合适的人作为译员；如果被传唤的人具有严重的听力或表达障碍，也需要译员协助法庭。”

欧盟各国法律口译职业的基础建立在 1950 年制定的《欧洲保障人权和基本自由公约》，即《欧洲人权公约》（*European Convention on Human Rights*）[①]，该公约共有 66 项条款和 11 个议定书，目前大部分内容都在欧盟各国的法律法规中得到了体现。为了保证公平的判决，该公约在第 5 条款、第 6 条款中规定了对所有法律事务中口笔译的要求。第 5 条款中规定：“任何人受到逮捕或任何控诉时，享有以其所能理解的语言立即告知被捕理由及被控罪名的权利。”第六条中规定：“任何被控犯罪的人都有权以其所能理解的语言被详细告知所指控的本质和原因，并且如果不能理解法庭上的使用语言，有权获得译员的免费帮助。”

美国 1964 年《人权法案》第六条（*Title VI of the U. S. Civil Rights Act of* 1964）就明文规定，英语能力有限者（LEP：Limited English Proficiency），都有享受政府部门提供各种服务的平等权利。1966 年修正的《联邦刑事诉讼程序法规》第 28（b）条规定，法院有权自行指定口译人员，其翻译费用从法律规定或政府提供的经费中支出。1978 年美国颁布了《法庭译员法案》，在刑事案件或美国政府为一方当事人的民事诉讼中，倘主审法官认定当事人或证人为不通晓英语或为聋哑的人，以致不能了解程序之进行从而无法与其律师或法官沟通时，法官应使用具翻译资格的口译员。倘无具有翻译资格的口译员可供使用，法官应使用合适的翻译人员。[②]

1975 年修正后的《法国刑事诉讼法典》第 344 条规定，在被告

---

① http：//www. echr. coe. int/Pages/home. aspx？ p = home.

② 转引自张新红、李克兴《法律文本与法律翻译》，中国对外翻译出版公司 2006 年版，第 429 页。

人、当事人、证人不会说法语或者有必要对提交庭审的文件进行翻译时，庭长依职权可聘任一名翻译，翻译应至少年满 21 岁，庭长应让其宣誓，本着荣誉和良心提供司法帮助。即使检察官或被告人同意，也不得从组成法庭的法官、陪审员及参加庭审的书记员中挑选翻译，也不能从当事人或证人中挑选。

利用法律规定来监管译员同样也表现在手语译员的职业化进程中，20 世纪 60 年代美国通过了听障人士权利保障法案，要求在聋哑人和听力障碍人士职业康复过程中使用译员，并支付译员薪酬。社区口译的第二大领域，医疗口译不像司法领域的译员受到严格法律条文的制约，实际上，很少有专门的立法来约束医疗机构必须为患者提供口译服务。医疗口译服务的提供主要是依据人权法案和反歧视法律。

在各国法律和法令的推动下，各种社区口译的组织和协会相应而生。最为著名的是美国聋人教育及职业康复服务提供者与译员在 1964 年成立的"手语译员注册中心"。该协会如同"国际会议译员协会"，拥有约 2 万名的成员，并成功地制定了手语翻译的行业规范和伦理，通过相应的评估和认证体系予以执行，为其他社区口译类型的职业发展提供了良好的借鉴范例。1978 年，全美司法翻译工作者协会（National Association of Judiciary Interpreters and Translators，NA-JIT）[①] 成立，主要通过网络提供法律的口笔译服务，并创办了"*Proteus*"网络期刊，刊登美国和其他国家有关法庭口译研究的文章。该协会每年举办一次会议（Phelan，2001：168）。1996 年，由一批美国医疗保健译员和项目经理创立了加利福尼亚医疗译员协会（California Healthcare Interpreters Association，CHIA），专门致力于提高医疗领域语言服务的质量和可用性。该协会后来于 2003 年更名为加利福尼亚医疗口译协会（California Healthcare Interpreting Association），以更好地体现 CHIA 的宗旨是服务于公众利益，尤其是乳腺癌患者的利益，而不是专门为译员服务的协会。CHIA 具有多元化的成员结构，包括译员、医生及其他医疗服务供应商、医院、翻译代理机构、语言服务

---

① http：//www.najit.org/.

公司、培训专家和政府决策者。1998 年，美国全国医疗口译委员会（National Council for Interpretation in Health Care，NCIHC）[1] 成立，由来自全国的医疗口译员、口译服务提供方、口译培训及研究人员组成，旨在推动高质量、职业化医疗口译，为缺乏语言能力的人提供平等的接受医疗服务的机会。

1973 年，澳大利亚也开始实行旨在提高移民福利和援助的"多文化"政策，1977 年新南威尔士医疗译员服务协会（Health Care Interpreter Service of New South Wales，HCIS）成立，有 27 名译员为悉尼 17 所医院提供口译服务，目前该组织已拥有 1000 多名全职和兼职的译员，提供近 70 种语言的医疗口译服务（Blignault et al.，2009：222）。

加拿大最早的社区口译组织也是手语协会，1979 年成立了加拿大视觉语言译员协会（The Association of Visual Language Interpreters Canada，AVLIC），其在译员培训和职业标准的制定方面远远早于口语口译协会。比其还要早的是成立于 1956 年的加拿大翻译工作者协会（Society of Translators and Interpreters Canada，STIC），后来于 1970 年改名为加拿大翻译和术语工作者协会（Canadian Translators，Terminologists and Interpreters Council，CTTIC），该协会目前负责 11 个省和地区 3500 多名译员的认证管理，而其中约有 2500 名是法律和会议译员[2]。

在欧洲，1993 年欧洲手语译员联合会（European Forum of Sign Language Interpreters，EFSLI）在布鲁塞尔正式成立，旨在联合欧洲各国手语译员个人或团体，促进相互之间的交流和对职业的理解，提高手语翻译的地位和职业认可度，提高译员的薪酬。

---

[1] http：//www.ncihc.org/.

[2] 参见 M. Bancroft. The Interpreter's World Tour – An Environmental Scan of Standards of Practice for Interpreters，Cross – Cultural Communications，Prepared for the National Council on Interpreting in Health Care，March 2005. Also available at http：//www.hablamosjuntos.org/resources/pdf/The_ Interpreter's_ World_ Tour. pdf。

三　社区口译职业伦理和规范

首先，我们需要澄清伦理和规范之间的异同。"伦理"（ethics）是指人与人之间的道德准则，而规范（norms）则是约定俗成或明文规定的标准①。英文"ethics"的定义是"normal rules or principles of behavior for deciding what is right and wrong"（判断是非对错的道德准则），对"norms"的解释则是"generally accepted standards of social behavior"（普遍接受的社会行为标准)②。从定义上比较，伦理和规范在所指意义上非常相似，都是与人的行为有关价值判断的标准或准则，都具有一定约束性。但是，伦理更多地被作为"道德"的同义词，主要依靠人的自觉和自制能力，而规范所涵盖的领域更为宽泛，几乎包括所有的行业标准，更具有强制性。因此，任文教授认为，伦理可以说是在某些规范指引和约束下逐渐形成的道德标准，而规范比伦理更具约束性（任文，2010：124）。

从一个"行当"演变成为一种"职业"，口译或多或少受到立法条文、机构要求、教育机会和社会共识的约束，由此形成的那些潜藏于人们期待和接受的行为之中的价值观和原则，逐渐被规范化和条文化，并得到所有从业者的接受和认可。尽管这些伦理规范也规定了译员的工作表现好坏等级，如用"忠实"、"准确"和"完整"之类的术语来衡量，但是它们关注的焦点更多是译员的伦理行为和特殊角色所应承担的责任（Pöchhacker，2004：163）。一套行之有效的口译伦理能够指导译员的行为使之有利于客户、口译行业及其个人的利益，它也是译员服务的诚实性、可靠性和能力获得客户信任的基础。尤其是对于大部分没有经过正规义务教育和培训的社区口译译员来说，职业伦理规范是他们唯一能够参考和遵循的标准（Hale，2007：103）。

---

① 中国社会科学语言研究所词典编辑室：《现代汉语词典》（增补本），商务印书馆2002年版，第832、474页。

② Longman Dictionary of Contemporary English［C］. Essex：Pearson Education Limited, 2003.

柴舍尔等人从 1998 年开始设计和发放了包括社区口译伦理标准、译员素质、培训、工资待遇、角色等 37 个问题的调查问卷，收回来自 7 个国家 92 名社区译员的有效问卷，其中大部分译员认为最重要的个人素质就包括遵守职业伦理规范，可见伦理规范对于社区译员的重要性（Chesher et al.，2003：273—291）。

　　随着人们越来越多地关注口译的质量，临时性口译逐渐被严肃的高质量口译而取代。此外，社区口译译员是弱势群体最先接触的层面，其敏感性、复杂性和重要性也得到了越来越多政要或社会服务机构内部人士的理解，如法官、移民官员、医生等，他们的观念也从怀疑译员的作用，向认为口译也是需要专业技能的职业转变。因此，越来越多的国家开始关注社区口译职业伦理、标准、认证和培训，以及质量控制等方面（Gentile et al.，1996：3）。

　　最早有记载的社区口译伦理可以追溯到 16 世纪欧洲殖民者在美洲统治时期。16 世纪西班牙王室制定了殖民地法案（*Recopilacion* 1791），其中有 14 条法律涉及译员的行为规范，如：译员应该具备必要的素质和能力并由法院支付报酬，译员不能接受或要求任何礼品，不能与印第安客户私自会面，不能支持印第安人等[①]。1548 年，当时的墨西哥地区总督门多萨专门制定了译员标准：译员必须宣誓保证认真忠实地履行职责，清楚而直接地表达，不能隐瞒或添加，不能倾向于任何一方，除了报酬外不能从工作中谋取任何利益。这些法律条款可以说是社区口译员最早的伦理规范雏形。

　　20 世纪 60 年代，社区口译职业化在西方发达国家初露端倪。如果说制定于 1957 年的《AIIC 职业伦理规范》（AIIC Code of Professional Ethics）是会议口译的第一部伦理，那么 1965 年出台的《美国手语译员注册中心职业伦理规范》（RID Code of Professional Ethics）则是社区口译伦理的开山之作。该伦理规范在 70 年代后期经过不断的修改和完善，成为其他国家或其他社区口译类型制定伦理规范的参考典

[①] 转引自 F. Pöchhacker and M. Shlesinger. *Healthcare Interpreting：Discourse and Interaction.* ［M］. Amsterdam/ Philadelphia：John Benjamins，2007，p. 13。

范，对奠定北美手语译员职业地位起到了决定作用（Pöchhacker，2004：162）。

1987 年，澳大利亚新南威尔士医疗译员服务协会（HCIS）制定了医疗行业口译指南，规定了医疗机构使用译员时候的责任，以及医疗译员的角色和责任。1994 年第一次修订，2006 年又进一步完善，成为医疗译员工作标准程序（Blignault，2009：222）。

英国和加拿大分别于 1995 年和 1996 年制订了"英国注册公共服务译员行为规范"（Code of Conduct for the National Register of Public Service Interpreters）、"温哥华医疗译员合作项目"（Health Care Interpreter Project of Vancouver）。前者又被称为"公共服务译员标准"（PSI Standards），由英国语言学家学会负责颁布和监督实施，具有一定的法律效力，适用于该协会负责的几乎所有类别的社区口译。而后者又叫做"医疗口译标准"（HCI Standards），没有具体的机构负责实施，因此缺少法律效力。2007 年，在"关键链接"（Critical Link Canada，or CLC）、"语言行业协会"（Language Industry Association，AILIA）、"加拿大口笔译公司协会"（Association of Canadian Corporations in Translation and Interpretation）的大力支持下，加拿大出台了"全国社区口译服务标准指南"（National Standard Guide for Community Interpreting Services，NSGCIS），融入了政府、学界、口译专业者、非盈利和私人组织等各方面的要求及利益，为社区口译服务设定了最高的职业标准和可信度。该指南涵盖了口译术语的定义、译员素质要求、口译各方责任、口译场所，提出了社区口译译员八大伦理原则：准确与忠实、保密、公正、尊重他人、保持角色、可信、职业化和胜任。NSGCIS 的颁布引起了世界的关注，许多职业组织和社团，包括世界标准化组织（ISO）都以该指南为基础，制定有关社区口译的标准①。

在美国，加利福尼亚医口译协会（CHIA）于 1998 年成立后，先后制订和修改了一系列的医疗口译标准，2001 年该协会又召集研

---

① Available on line at http：//www2. ailia. ca/National% 2BStandards% 2Bfor% 2BInterpretation% 2BServices% 2B – % 2BNSGCIS（accessed 10 August 2011）.

究学者、教育培训专家和译员共同商讨制订一个普遍接受的标准，这就是后来出台的 2002 年 "加利福尼亚医疗译员标准"，概括了六大医疗口译伦理：保密、公正、尊重个人和社区信仰、准确和完整、理解文化差异①。

欧盟从 1998 年开始发起四个项目的研究，分别为 Grotius 98/GR/131，Grotius 2001/GRP/015，JAI/2003/AGIS/048 和 JLS/2006/AGIS/052，旨在建立相同的法律口笔译标准，并在日后将其应用于医疗和社会服务口译中。最早的 Grotius Project 98/GR/131 项目由欧洲四个国家的 6 个具有丰富法律口笔译经验的教学科研机构参与，如比利时的莱休斯高等学校（Lessius Hogeschool）和英国的语言学家学会等，制定了法庭口译的标准，主要包括译员的筛选、培训、评估，伦理道德以及口笔译与法律系统之间的交叉协调等；后期的两个 AGIS 项目则主要是巩固 Grotius 项目的成果，在欧盟各国间普及相关信息，推广实施制定的标准（Hertog，2002：151）。

社区口译的伦理规范日益完善保证了社区口译的服务质量，进一步巩固了社区口译的职业地位。但是，我们应该注意的是译员需要的是标准而不是教条，严格遵守标准并不意味着在可能导致严重后果的情况下放弃干预的权利，重要的是符合常理的判断和有利于交际沟通的进行（Haffis，2000）。

四　社区口译测评、教育培训和认证

一个职业的形成，首先必须要有指导行业规范操作的标准，有了标准后还必须有测评（test and assessment）来衡量是否达到标准，然后为了使人们能够达到标准，还要有教育和培训（education and training）。为了认可那些达到标准的人，还要有认证（certification）。当然

---

① 转引自 California standards for healthcare interpreters：Ethical principles，protocols and guidance on roles and intervention. Santa Barbara，California：California Healthcare Interpreters Association（CHIA）and California Endowment，2002. Available online at：http：//www. calendow. org（accessed 10 August 2011）。

要有行业协会来管理这些标准、测评、培训和认证。

（一）测评

社区口译属于公共服务性质，责任相对重大并具有一定的风险，而且译员在某些场合下是无人监督的，因此，教育培训或上岗前的测评至关重要。测评目的有三点：一是筛选适合接受职业教育培训的人选；二是测试教育培训项目的结果；三是根据被试所掌握的技能和知识，鉴定其是否胜任职业，或予以认证或吸收为会员（Roberts，2000：103）。

如澳大利亚翻译资格认证局（National Accreditation Authority for Translators and Interpreters，NAATI）① 负责全国的口笔译工作者的测评和认证，包括法庭、医疗口译资格认证，没有获得认证的人员就不能从事翻译工作。加拿大的文化译员语言和口译技巧测评工具（Cultural Interpreter Language and Interpretation Skills Assessment Tool，CIL-ISAT）则是专门为测评社区口译员设计的，由安大略省公民事务部（Ministry of Citizenship of Ontario）支持，渥太华——卡勒顿文化口译协会（Cultural Interpretation of Ottawa-Carleton）负责实施。该测评一方面用于筛选适合接受社区口译培训的人选，另一方面鉴定以从事工作的社区译员是否胜任。最初只有两门语言测评（西班牙语和阿拉伯语），现在已经扩展到多种语言。测评包括两部分：视阅口译和交替传译；测评的文本均选自真实的社区口译场景，如医院中的对话交传、出生证明的视阅口译（Roberts，2000：105）。具有同样测评目的还有加拿大萨里三角洲移民服务机构（Surrey Delta Immigrant Service Society）开发的多用途测评工具、西班牙难民办公室（Spanish Asylum and Refugee Office）定期举办的公共服务译员测评，只有通过测评的被试才能参加社区口译培训或者从事口译活动。此外，经过多年尝试和完善的美国医疗译员认证系统，要求译员首先要通过准医疗译员（Associate Healthcare Interpreter，AHI）测评，该测评侧重实际能力而非口译能力，内容包括如何准备和应对口译任务、医疗术语、与

---

① http：//www. naati. com. au/home_ page. html.

医护人员的互动等。只有通过了准医疗译员的测评才有资格申请认证医疗译员（Certified Healthcare Interpreter，CHI），其测评注重口译能力，包括交传和同传的技巧和能力、视译及笔译技巧和能力。

目前，没有一个测评系统能够涵盖社区口译所有的方面，尤其是其操作层面。最好的测评是各种方法的综合体，如正式考试加上实战现场测评。测评最好是国内通用，国际上认可更好，这样能够使译员在世界任何地方工作；所有语言对子（language pairs）的测评标准应该一致；设计测评者以及口笔试考官应谨慎挑选，最好都是母语为测评语种的有经验的职业译员；在测评过程中，考官应遵守保密和公正的职业道德；还应有监督员来监督测评和打分的一致性。测评的内容主要包括：有关公共服务架构、程序和执业人员等方面的知识；能够熟练使用相关语言进行口头和书面表达，包括正确的语域和术语；双向交替传译；耳语同传；视译；短文笔译；理解和遵守伦理规范；职业及个人发展规划等（Corsellis，2008：60）。

（二）教育培训

社区口译独有的特性，使传统的口译教育培训—以会议口译为主—面临前所未有的挑战，包括课程安排、能力测试、语言组合等。比如有些社区口译服务具有突发性特点，如患者急诊，紧急情况下只能使用未经过培训的双语者，他们既没有进行译前准备，也不懂得译员的伦理规范，根本无法保证口译的质量和角色的中立性。因此必须对他们进行特殊的短期集中培训，目的是避免在口译过程中出现影响患者健康的严重问题。再如，许多社区口译服务的语言为小语种，不为大众所知，常规的口译测试和培训中都未涉及，这为译员的筛选、培训和认证带来了极大的困难（Garzone and Viezzi，2002：6）。因此，必须改进和增加传统口译教育培训的方法和内容，适应社区口译特性的需求。

最早的社区口译教育培训、认证和测试始于20世纪60年代。北欧的瑞典走在前列，于1968年首先成立了口语口译服务机构，1976年开始对口笔译员进行国家认证。80年代，社区口译服务机构和培训课程陆续在欧洲各国开设，北欧国家、英国和荷兰相对具有较早的、较为完善的社区口译教育培训体系（Niska，2002：136）。此外，加拿大、美国和澳大利亚等国家有着稳定的社区口译市场和需求以及较高的社会关注度，政府于 70 年代就开始支持社区口译的培训和教育。

社区口译教育主要由一些专业性较强的学院提供，后来也陆续扩展到一些综合类大学。加拿大的奴纳瓦特北极学院（Nunavut Arctic College）和温哥华社区学院（Vancouver Community College）从 70 年代就开始培训英语到多语种土著语言的口笔译译员，温哥华社区学院在 1979 年设立了少数民族法庭译员培训项目，并颁发证书。该学院还开创了社区口译远程教育先例，学生可以通过邮件、电话和视频会议等方式进行学习。后来美国的查理斯顿大学（University of Charleston）也开始尝试社区口译远程教育。1986 年，瑞典的斯德哥尔摩大学（University of Stockholm）建立了专门的口笔译学院，课程学习为 3—4 个学期。澳大利亚的迪肯大学（Deakin University）的语言及口笔译学院从 80 年代开始设立社区口译课程，麦考瑞大学（Macquarie University）还开设了有关社区口译的口笔译硕士课程。美国的蒙特雷学院（Monterey Institute of International Studies）则是美国较早的开设法庭口译课程的学校，后来又开设了医疗口译课程。目前，大部分学校的社区口译不是能够获得学位的独立学科，更多的是类似于继续教育或者是针对某一需求的专门课程学习，本科层次上的社区口译全日制课程以及研究生课程更是缺乏。

社区口译培训主要由国家服务机构，如法庭、医院、移民局、警察局等和社会口译服务机构主办。如 1983 年，在纳菲尔德基金会（Nuffield Foundation）的资助下，英国语言学家学会下属"教育信托"开设了"社区口译译员项目"（Community Interpreter Project），由语言学者、教育人士、公共服务机构人员、其他语言组织成员共同合作，以多语言城镇为基地，开展针对社区口译译员和公共服务机构人员的培训。1990 年，纳菲尔德基金会又设立了纳菲尔德译员项目（Nuffield Interpreter Project），在政府机构和慈善机构的支持下，建立了 20 多个培训中心，在全国范围内推动社区口译培训、认证和职业操作

（Corsellis，1997：80）。1992 年美国纽约的亨特学院家庭政策研究中心（Hunter College Center for the Study of Family Policy）、纽约市健康局（New York City Health Department）、纽约市健康和医院合作组织（New York City Health and Hospital Corporation）共同建立了亨特学院社区译员培训项目（Hunter College Community Interpreter Project，CIP），由亨特学院对在校的双语学生进行一个学期的培训，然后为纽约的公共医院和诊所提供医疗口译服务。这些双语学生或多或少都曾担任过家人、亲戚或社区的临时译员。这个项目开创了社区口译培训的新模式，即充分利用了学生的双语技能，满足了社会需求，又为他们未来的工作创造了机会（Michael and Cocchini，1997：237）。

全球范围内的社区口译教育培训实用性目的较强，主要是提高社区口译的准确性，内容以实践为主，理论较少，如术语知识、相关领域的工作程序和细节等。口译课堂练习包括角色扮演、笔记技巧、视阅口译、笔译等。同时也注重培养译员的文化意识，尤其是对一些小语种文化的理解。伦理规范也是教育培训的重点之一，旨在使译员忠于职业，遵守伦理规范，确保良好的职业行为（Wadensjö，1998：55）。

（三）认证

认证是指政府、学术或职业组织用来证明个人是否具备从事某种服务能力的正式程序，通常使用具有较高效度和可信度的测评工具来验证个人掌握了从事一项职业所需要的知识、技巧和能力。尽管认证不是强制性的，但认证制度是确保职业标准和质量、译员质量的有效途径。

澳大利亚是最早颁布"多语言政策"的国家，规定不同语言的公民都有平等享受公共服务的权利，它具有世界上公认的最完整的社区译员培训和认证系统，该系统是基于 1977 年制定的澳大利亚翻译资格认证制度。该制度的日常管理工作由澳大利亚翻译资格认证局（NAATI）① 负责并在全国强制推行，它隶属于澳大利亚联邦政府移

---

① http：//www. naati. com. au/home_ page. html.

民局的行业管理机构，主要提供口、笔译方面的咨询和建议、设立行业标准以及资格认证等事务。到目前为止，其提供翻译资格培训和考试工作的语种多达 60 种，涵盖了汉语普通话、法语、德语、日本语、俄语和粤语等使用人口最多的语言。NATTI 遵循四项基本原则：口笔译能力不等值，语言水平和工作能力不等值，英语为主，B-A 传译质量更高。其考试和测评主要以技巧表现为主，认证的等级几乎可以满足各种场合的口笔译要求（Bell，1997：94）。NATTI 是国际公认的口笔译认证机构，也是澳大利亚唯一有资格认可翻译的官方机构，所有的口笔译人员都必须获得其资格认证。有了 NATTI 翻译资格证书还可以通行于世界所有英语国家。

　　成立于 1970 年的加拿大翻译和术语工作者委员会（Canadian Translators and Interpreters Council，CTTIC）（其前身为加拿大口笔译员协会）与其说是一个职业协会，不如说是一个认证机构，负责实施加拿大全国的翻译职业认证考试，它下设 11 个省和地区机构，其下属的认证委员会负责制定认证的标准和实施考试。1975 年首先开设笔译考试，1993 年开始法庭翻译考试，测试的范围包括语言能力、法律术语、法律程序、交替传译等，其认证在加拿大全国均予以承认。目前已有 2500 多名译员通过到了认证。

　　北欧的瑞典在社区口译教育培训和认证方面有着较早且十分完善的体系。瑞典法律金融和管理服务局（Swedish Legal，Financial and Administrative Services Agency）负责对社区口译员进行测评和授权，已经有 30 多年的历史了（Idh，2007：135）。测评包括笔试和口译两部分。译员只有通过了测评后才能被授权参加专业资格测试，如医疗口译或法庭口译。而在英国，英国语言学家学会负责全国的公共服务口译的职业认证和证书颁发，主要包括健康医疗口译、法律口译和当地政府口译三个领域，公共服务译员只有拿到了证书，才有资格申请成为英国语言学家学会的会员。

　　在美国，由国务院为法庭译员颁发全国性证书，手语译员可通过参加手语译员注册中心（RID）的培训项目获得全国性证书，但这两种证书均不适合医疗口译。医疗口译认证最早是由美国少数民族健康办公室（U. S. Office of Minority）、加州医疗译员协会（CHIA）和美国全国医疗口译委员会（NCIHC）联合赞助，马萨诸塞州医疗译员协会（Massachusetts Medical Interpreter Association，or IMIA）负责实施的一个实验性项目。后来于 2009 年成立了医疗译员认证委员会（The Certification Commission for Healthcare Interpreters，CCHI）①，旨在建立最有效可信的医疗译员职业认证体系，该委员会最终于 2011 年通过了全国认证机构委员会（NCCA）的标准和资格审核，获得了 5 年期的颁发西班牙语医疗译员认证（Certified Healthcare Interpreter，CHI）的资格，目前已有 130 多名译员成为认证医疗译员（CHI），105 名译员成为准医疗译员（AHI）②。

除了获得职业知识和技能认证外，译员还需要得到一些其他形式的认可，如是否遵守职业道德规范、社会道德，是否履行对雇主、客户和同行应尽的义务等。其中较为常见的验证或认可途径就是会员制或注册制度，即成为某一职业组织的会员（Pöchhacker，2004：165—166）。成为注册会员意味着达到了认可的胜任标准，适合从事某一职业。注册的标准不仅仅包括客观的语言和职业技能测评，更多是涉及安全性质的审查，如有无犯罪记录、暴力倾向、欺诈行为或虐待儿童等，这对公共服务场合下的译员尤为重要（Corsellis，2008：91）。国际会议译员协会（AIIC）就实行会员制，其严格的准入政策达到了认证的目的，成为其会员即被认为是合格的职业译员。美国的手语译员注册中心（RID）也是实行会员制，目前拥有约 2 万名的成员。

五　社区口译职业化未来进程

尽管社区口译是使用最为广泛的口译形式，在职业化的道路上也取得了相当大的进展，但是其职业化的程度却远远落后于会议口译。

---

①　Availabel on line at http：//atlasls. com/blog/（accessed 20 April 2011）.

②　Available on line at http：//www. businesswire. com/news/home/20120629005649/en/ Certification – Commission – Healthcare – Interpreters – Receives – Accreditation – CHI% E2% 84% A2#. UzfaJ3 AoEVQ（accessed 20 April 2011）.

由于各国在机构设置、人口组成、政治立法环境上的巨大差异，社区口译作为一个职业，其发展在全球十分不平衡且分散化。英美、加拿大、澳大利亚、瑞典、西班牙、荷兰等欧美发达国家社区口译发展迅速，职业化程度日益完善，相继建立起较为成熟的医疗口译、法律口译和手语翻译职业体系，而包括中国在内的大多数亚洲、非洲、拉美等国家，仍以会议口译为主，社区口译则处在萌芽状态，很少有人谈及。由于在 20 世纪 90 年代社区口译才成为学界合作、研究和交流的话题，全球范围内的社区口译仍相对缺乏统一的职业标准、薪酬待遇和培训，一些旨在推动国内和国际社区口译发展的组织，如美国国家医疗口译委员会（NCIHC）、欧洲手语译员联合会（EFSLI）、欧洲社区口译机构联合会（European Association of Community Interpreting Agencies，Babelea），也发现其工作很难取得实质性进展。公共服务机构无力或不愿支付职业口译费用，导致高层次的社区口译培训缺乏动力，尤其是学术层次上的培训（Pöchhacker，2004：30）。

究其原因，波茨哈克认为是社区口译的多场合性导致了其职业的分散性，缺乏作为一门职业的"完整性"（Pöchhacker，2004：162）。瑞典的内斯卡认为社区口译作为一项职业已经存在了几千年，但仍然发展缓慢，主要是因为其应对的都是双语或多语社会中极其平常的生活琐事，且经常没有报酬，这种日常的微不足道的、带有人道主义色彩的语言帮助特性，成为当今社区口译职业化进程的障碍（Niska，2007：300）。澳大利亚的黑尔教授则将其发展缓慢的原因归为整个社区口译体系的问题，体系内的各项因素互相牵连影响，如大多数译员所抱怨的低报酬主要与社会上的低认可度相关，很多人不认为社区口译是一项高技能的职业；较低的社会认可度又导致了缺乏大学层次的强制性教学培训，继而影响到从业人员的缺乏，导致许多应该由职业译员从事的工作不得不被家庭成员、亲戚或者志愿者代替，最终影响到整个职业的质量（Hale，2007：161）。

我国台湾学者曾文中教授以台湾会议口译市场为参考，提出了口译职业化过程模式。该模式描述了口译职业发展的四个阶段：第一阶段，市场混乱、共识和承诺、职业协会、立法及职业自主性（Tseng，

1992：43）。如果说会议口译的职业化（部分国家和地区）已经达到了第三阶段，即随着职业协会的完善和壮大，职业工作条件和标准不断提高，职业准入得到控制，客户和公众认可，那么社区口译的职业化在多数国家则仍处于第一阶段或者最多第二阶段，也即是说合格的和不合格的从业者仍激烈竞争，质量让步于价格，职业在社会中的地位仍需巩固（Roberts，2002：173）。

处于这种情况下，社区口译应如何面对挑战，加速发展？首先，要改变整个体系和社会对社区口译和译员的态度，要让人们意识到没有职业化、高质量的社区口译，就不能保证公正平等的公民权利和自由顺畅的多元文化交流；其次，正确认识目前所处的发展阶段，辨清目标，制定措施。罗伯茨提出了社区口译职业化发展的 5 项措施，即：明确社区口译译员的角色定位；为公共服务机构的人员提供培训，协调他们与译员的配合；为社区口译译员提供培训；为译员培训者提供培训；社区口译译员认证（Roberts，1997：21—25）。黑尔等学者也强调了社区口译教育和培训的重要性，她认为如果要确职业质量，巩固职业地位，就必须实行强制性的正规义务教育和培训以及相应的认证，同时，还要建立与职业付出相符的薪酬标准和合格的工作条件；最后，发展社区口译职业还需要体系中各方的共同努力，包括公共服务机构、口译服务机构、译员、教育培训机构、政策制定者等。教育培训或学术机构应该加强社区口译研究，关注热点问题，突出培训需求和重要性，督促译员提高自身素质，同时为政策制定者提供信息和研究结果，促成相关政策的出台（Hale，2007：162；Herraez，et al.，2009：164）。同时为所有的译员设计和提供灵活、实用的正式或临时培训，让他们认识到自身的责任和表现加上所有人的共同努力对社区口译职业化的重要性。公共服务机构和执政者也应意识到自身的责任，加强与译员、译员服务机构的沟通和理解，提高服务的质量。此外，社区口译职业协会也应不断完善行业伦理规范和标准，广泛推行注册、会员和认证制度，增强译员的职业角色和归属感。

第三节　社区口译研究的兴起和发展

随着社区口译职业化进程的深入，职业市场不断扩大，译员的需求和毕业生的人数不断增加，大学或更高层次的社区口译教学培训项目和机构也应运而生，越来越多的学者、培训者、译员或学生在实践和学习的过程中对社区口译研究表现出浓厚兴趣，以此来改进教学和培训质量，或提高理论知识，增加就业或学术事业机会，或借理论研究反思实践提高口译质量。一些学校也相应开设社区口译方向的实践和理论课程，一些学生完成了社区口译研究方向的毕业论文，更重要的是，社区口译研究也开始成为博士层次研究的课题，博士论文也相继问世，对社区口译研究作为一个学科的发展予以有力的推动。社区口译教育培训的学术化成为其职业化和独立研究之间的关键链接。

一　社区口译研究的学术基础

早在 20 世纪 70 年代，美国的手语译员的培训就已得到了快速发展，全国开设了许多政府资助的培训课程，但在很长时间内大部分教学仍处于专科或本科的层次。后来华盛顿特区的加劳德特大学（Gallaudet University）推出了手语翻译的研究生学位课程，对手语翻译的研究起到了极大的学术推动作用。1984 年澳大利亚西悉尼大学（UWS）开设了社区口译学士学位层次的教育培训课程，学时三年，该课程得到了 NATTI 的认可，可以算是澳大利亚最早的社区口笔译课程。加拿大的奴纳瓦特北极学院（Nunavut Arctic College）于 1987 年开设因纽特/英语（Inuktitut/English）口笔译教育课程，包括两种形式：1 年的证书学和 2 年的学历学习，课程内容包括社区口译的研究方法等（Penny and Sammons，1995：65—76）。90 年代初，荷兰的乌特勒支高等专业教育大学开设了四年的手语翻译学士学位课程，共计6720 个小时 240 学分，开始两年的学习内容主要是荷兰手语、语言学、交际学、荷兰语、口译理论与技巧、心理学等（Borgerde，2007：284）。西班牙的阿尔卡拉大学（University of Alcala）在 2001 年开设了专门针对社区口笔译的课程，共计 250 个小时，三大模块，其中之一就是社区口笔译理论学习。随后，该校与格兰纳达大学（University of Granada）紧密合作，共同进行社区口译的研究，使之成为其学术强项和重点，并开设了社区口译研究的博士专业，两个大学拥有多名专家学者，如巴列罗（Carmen Valero-Garces）、安妮（Martin Anne）、马蒂（Isabel Abril Martí）和吉安布鲁诺（Cynthia Giambruno）等。此外，意大利的博洛尼亚大学（Bologna University）和特利亚斯特大学（Trieste Universtiy）不仅拥有大批的口译研究专家，还创办了《译员通讯》（*The Interpreters' Newsletter*）和《口译》（*Interpreting*）两本口译界著名的刊物，为社区口译研究成果的发表和学术探讨提供了有益的平台。丹麦的奥胡思商学院（Aarhus School of Business）则早在 1997 年就举办了针对翻译领域博士生研究人员的 CETRA（Center for Translation，Communication and Cultures）研习班，为社区口译的研究培训了大批人才，该校还创办了自己的口译研究刊物《赫尔墨斯》（*Hermes：Journal of Language and Communication Studies*），发表了大量高质量的社区口译研究成果。比利时鲁汶大学紧随其后，陆续举办了几届 CETRA 翻译研究研习班，成为国际翻译学研究重镇。

伴随着社区口译学术化的发展，到了 20 世纪 80 年代中期，美国和加拿大的手语翻译已经成熟，不仅出台了大量手语翻译职业指南手册和面向培训的学术作品，还开始产生了博士论文和研究性辩论（Pöchhacker，2004：37），最具代表性的是美国的辛西娅罗伊（Cynthia Roy）于 1989 年完成的关于手语翻译中话轮的博士论文。在以英国、法国和瑞典为首的欧洲国家，医疗、社会和法律等社区口译领域的职业化也促成了一本重要的、具有广泛影响的社区口译手册的问世，那就是夏克门（Jane Shackman）于 1984 年编写的《被理解的权利：社区口译译员雇佣培训和共事指南》（*The Right to be Understood：A Handbook on Working With，Employing and Training Community Interpreters*）。英国的两个主要口译组织——语言学家学会和口笔译学会，（ITI）开展了大量社区口译职业建构工作，并出版了许多社区口译方面的学术性文献，其中一些是由公共服务机构人员撰写的，主要探讨的是医疗和司法机构与译员合作的问题（Marcos，1979；Putsch，1985）。1989 年，莫里斯（Ruth Morris）在耶路撒冷希伯来大学完成了硕士论文，标志着法庭口译开创性实证研究的出现（Pöchhacker，2004：36），同年日内瓦口译学院的期刊 *Paraleles* 出版了以法庭口译为专题的特刊。在法律和医疗口译方面也出现了一系列的博士论文，如 1985 年德里森（Christiane Driesen）在巴黎高等翻译学校完成了关于德国司法口译的博士论文，瑞典林克坪大学（Linköping University）瓦登斯约关于对话口译的博士论文，研究语料来自警局的审讯和医疗场景下对话。

二　社区口译研究的开端、巩固与融合

（一）开端与巩固

社区口译的研究始于 20 世纪 70 年代，主要是法庭口译、手语翻译和医疗口译研究。尽管英国、美国、澳大利亚和瑞典等国家的手语翻译、法庭和医疗口译当时已经取得了巨大的发展，但是每个领域均"各自为政"，很少有交集（Pöchhacker，2007：14），因此整体的社区口译研究很难形成合力。90 年代初期，社区口译的研究成果迅速增多，研究领域日益扩大，但仍然以法庭和医疗口译研究为主。90年代中后期，随着全球化和科技的发展以及移民人数的增多，人们开始重视这种近在身边且与生活戚戚相关的口译形式。同会议口译研究重点关注译员大脑的认知过程不同，社区口译研究更多地关注口译实践和社会语境内各参与方的互动，内容涉及口译的公平性、话轮转换、译员的角色、译员在话语互动中的作用、全球社区口译现状及趋势、口译服务提供方和被服务方对译员的期待值、社区口译的质量等。进入 21 世纪后，头十年见证了一些"新兴国家"社区口译研究的兴起，如奥地利、波兰、西班牙、南非等，但大多的研究重点仍然是社区口译的服务提供和质量，研究发现也类似于先前社区口译发达国家的研究结果（Hale，2007：201—202）。

90 年代可以说是社区口译研究的黄金时期，相继出现了一批社区口译研究的开拓者和重量级的研究成果，它们为社区口译将来成为

一门"羽翼丰满"的学科奠定了理论范式。如 1990 年，美国范德比特大学（Vanderbilt University）的塞雷格森（Susan Berk-Seligson）教授是较早系统研究法庭口译的学者，她从语用学和人种志学的角度对美国法庭进行了大量实证研究，并出版了著名的《双语法庭》（The Bilingual Courtroom，1990）一书，开启了社区口译研究中的话语分析途径。1992—1998 年，瑞典学者瓦登斯约进一步完善话语分析研究方法，着重对司法和医疗语境下的对话和互动展开话语分析，并出版了《口译即交际》（Interpreting as Interaction，1998）一书。2004 年澳大利亚的黑尔教授在总结前人的基础上，基于澳大利亚的法庭语料，出版了《法庭口译中的话语》（The Discourse of Interpreting，2004），将社区口译中的话语分析研究推上了顶峰。在手语翻译领域，美国加劳德特大学的罗伊和梅慈杰（Melanie Metzger）教授通过对学校和医疗机构里有声英语和美国手语之间传译实例的观察和分析，分别撰写了《作为话语过程的口译》（Interpreting as a Discourse Process，2000）和《手语翻译：解构中立的神话》（Sign Language：Deconstructing the Myth of Neutrality，1999）两本专著，填补了手语翻译研究与主流社区口译研究范式之间的空白（Hertog，2006：11）。此外，还有奥地利维也纳大学翻译研究中心的波赫哈克教授，他专注于社区医疗口译、避难所审讯口译以及口译研究学科的普遍问题，其专著《口译研究概论》（Introducing Interpreting Studies，2004）不仅是口译研究经典教科书和读本，而且也是社区口译研究历程的高度概括。

（二）关键链接——融入主流口译研究

尽管社区口译被认为是最古老的口译形式（Roberts，1997：7），但对于社区口译的关注和研究却远不如其后来者——形成于 50 年代并迅速发展的会议口译。与之相比，社区口译的存在好比是水潭中的涟漪难以被人察觉（Pöchhacker，2004：29）。有关社区口译的研究成果与会议口译相比甚少，口译学界基本上是会议口译研究的天下，而且主要集中在对口译技能以及译员认知原理和过程的分析研究，尤其是同声传译过程中的信息处理和认知心理因素。学术交流与研究合作也大多限于会议口译领域，而社区口译一直游离于以巴黎学派

（Paris School）统领的主流口译研究之外。1977 年在威尼斯召开的
NATO 研讨会（NATO Symposium）提出了口译的交叉学科研究方向
（interdisciplinarity），并探讨了以手语翻译为代表的社区口译以及角色
和权力等社会学议题（Gerver and Sinaiko，1978）。在该会议的论文
集中，因格伦姆（Robert Ingram）提出应从社会学以及社会心理学的
角度研究译员的角色，并告诫说，"如果不涉及手语翻译的话，任何
的口译理论和实践研究都是不完整的"（Ingram，1978：109）。80 年
代末，以巴黎学派为主的会议口译研究者才和手语翻译领域重修旧
好，居劳梅（Philippine Sero-Gullaume）撰写了一篇以法国手语翻译
为主题的博士论文，手语也成为巴黎高等翻译学校（ESIT）的课程语
言之一（Pochahcker，2004：36）。

　　从 90 年代开始，更多的口译学者开始运用社会学、文化学和文
化人类学的方法和理论对口译进行多维度的研究，打破了口译学界自
身内部的封闭性，促进了关联学科之间的交叉和融合，社区口译和会
议口译研究开始有了更多的交融。1991 年，巴黎学派的代表人物塞
莱斯科维奇（Danica Seleskovitch）受邀在美国 RID 大会上发言，并出
任 RID《口译期刊》（*Journal of Interpretation*）编委，她还担任了加拿
大口笔译期刊《媒他》手语翻译特刊（*Meta*，1997，42：3）的特邀
编委（*cf.* Pöchhacker，2004：36），1994 年在芬兰的图尔库（Turku）
召开了国际口译大会（International Conference on Interpreting），虽然
大会的重点仍是跨学科研究以及神经语言学和认知语言学的研究范
式，但也讨论了与社区口译、法庭口译相关的质量和文化问题（Tom-
mola，1995）。与会学者在提交的论文中多次提到了"非会议口译"，
表明学术界当时对社区口译不断增长的兴趣。1995 年《目标：国际
翻译学研究期刊》（*Target，the International Journal of Translation Stud-
ies*，1995，7：1）也反映了 90 年代中期口译研究的多维度和跨学科
性特点，并刊登了手语翻译研究的论文。

　　1995 年 6 月，首届社区口译国际大会在加拿大多伦多的日内瓦公
园召开，来自于全球 250 多名学者和口译从业人员汇集一堂，探讨法
庭、卫生和社区服务领域内的口译活动，并以"关键链接"（Critical

Link）这个词——社区口译的作用所在——命名会议，大会的全称为
"关键链接：法庭、卫生和社会服务领域的口译"（Critical Link：In-
terpreting in Legal，Health and Social Service Settings）。这是全球社区口
译界从业者、教育培训人员和研究者第一次聚集在一起交流社区口译
这一"古老而又年轻"学科下的令人激动的话题（Carr and Roberts et
al.，1997）。这次大会成为社区口译史上的里程碑，与会者们也认为
有必要将这个社区口译交流合作的国际化平台延续下去。于是，加拿
大安大略省公民事务部（Ministry of Citizenship of Ontario）的亚伯拉罕
（Diana Abraham）努力协调，出版了以"关键链接"为名的半年期期
刊，并在一些学者，尤其是渥太华大学的哈里斯（Brian Harris）和罗
伯茨（Roda Roberts）的帮助下，将"关键链接"制度化，发展成了
定期召开的国际会议。此后，大会每三年一次，在世界各地召开，就
不同的社区口译议题展开讨论，会后出版论文集，迄今为止已经举办
了7届：1998年在加拿大温哥华哥伦比亚大学召开了"关键链接2"，
讨论的议题是社区口译中的标准和伦理（Critical Link 2：Standards
and Ethics in Community Interpreting：Recent Developments）；2001年在
加拿大的蒙特利尔举行"关键链接3"，会议的主旨是社区口译职业
的复杂性（Critical Link 3：The Complexity of the Profession）；2004年
走出加拿大来到瑞典的斯德哥尔摩，举行了"关键链接4"，会议重
点讨论了社区口译的职业化（Critical Link 4：Professionalization of In-
terpreting in the community）；2007年来到南半球，在澳大利亚的悉尼
举办了"关键链接5"，会议主旨是社区口译的质量（Critical Link 5：
Quality in Interpreting：A Shared Responsibility）；2010年"关键链接
6"大会在英国伯明翰的阿斯顿大学召开，讨论的议题是多变环境下
的社区口译（Critical Link 6：Interpreting in a Changing Landscape）；
2013年"关键链接7"重新回到加拿大，在多伦多约克大学举行，会
议主旨为全球的觉醒：引领口译实践（Critical Link 7：Global Awaken-
ing：Leading Practices in Interpreting）。尽管社区口译工作的环境多种
多样，而且目前缺乏国家乃至国际标准，但是"关键链接"组织者
和研究群体已经充分认识到了社区环境下有声口译和手语翻译、法

律、医疗和其他场合下不同口译之间的共同点（Pöchhacker，2004：41）。近18年来连续举办的七届世界社区口译大会进一步加强了各国社区口译者之间的职业和学术研究交流，推动了社区口译的职业化进程和社区口译研究的深入开展，就此社区口译与会议口译的不平衡发展局面被打破。

除了加拿大"关键链接"会议的巨大推动力外，许多社区口译的研究学者凭借他们自身的学术成就和影响力，通过各种途径促进了社区口译融入主流口译研究，如美国蒙特雷高翻学院的米科逊（Holly Mikkelson）、瑞典林克坪大学的瓦登斯约和美国加劳德特大学的罗伊。1996年，第一本国际同行评审的口译专刊——《口译：口译研究与实践国际期刊》（Interpreting：International Journal of Research and Practice in Interpreting）问世，该期刊尽量涵盖更多的口译模式和场景，并刊登了多篇社区口译的论文，主要作者是米科逊。瓦登斯约是1997年"奥胡斯口译研究论坛"（Arhus Seminar on Interpreting Research）教师组成员，她提出了通过话语分析来研究社区场合下的对话口译。她还是《译者》期刊（The Translator 5：2 1999）专刊《对话口译》（Dialogue Interpreting）的主要推动者和撰稿人。此外，除了"关键链接"社区口译大会外，20世纪90年代开始越来越多的国际翻译或口译会议在不同国家召开，如1991年开始在丹麦举行的首届国际语言大会（The First Language International Conference）及以后的系列会议、1992在捷克布拉格举行的第八届国际口笔译大会（The 8th International Conference on Translation and Interpreting）以及2003年的第十届大会，更多的学者乃至整个社会都开始关注会议口译之外的社区口译。如果说1977年NATO研讨会（NATO Symposium）是口译交叉学科研究的开始，1994年芬兰图尔库会议是社区口译开始融入主流口译研究的开端的话，那么2000年在意大利福尔利博洛尼亚大学翻译学院（T/I School of the University of Bologna at Forli）举办的第一届口译研究福尔利会议（1st Forli Conference on Interpreting Studies）则标志着社区口译研究已经真正融入了主流口译研究，并成为口译研究这一学科中的重要组成部分。福尔利会议的主题是"21世纪的口译"（Interpreting in the 21ˢᵗ Century），讨论的范围和多样性远远超出了以往的会议，与会者全面回顾了整个口译领域，不仅关注那些在联合国、欧盟工作的会议口译员，而且也关注在法庭和医疗场合下的手语译员。一些有会议工作经验和背景的学者，尤其是欧洲的学者对社区场合下的口译愈加感兴趣。在随后编辑出版的大会论文集导言中，嘉松和维埃奇（Giuliana Garzone and Maurizio Viezzi）指出，口译研究领域中最重要、最为"新奇"的一件事就是"大家都认识到口译不仅仅只包括会议口译，尽管从一开始会议口译就是口译学科的传统焦点，但其他模式的口译也不失其重要性和尊严"（Garzone and Viezzi，2002：5）。他们批评目前的口译研究忽略了长期存在的其他口译形式，指出："……非会议场合下的口译——联络口译、陪同口译、商务口译、法庭口译等始终存在，但是传统上只占职业口译服务中的一小部分，至少在欧洲是如此。这些口译形式没有尊严，被认为与那些'真正的口译'（即会议口译）毫无联系，而且除了语言能力外不需要任何其他技能。因此人们认为它们既不需要专业培训也不值得专门研究"（Ibid），并呼吁给予以多样性特点著称的公共服务口译和社区口译更多的关注和大量的研究。

　　毫无疑问，一系列成功的国际性会议，尤其是"关键链接"大会以及不断深入的各种学术研究，使全球的社区口译研究互相交流、互为补充、共同壮大。目前社区口译研究已经成为口译研究学科中不可分割的一部分，甚至可以说是最为活跃的研究领域，为口译研究的发展提供了不竭的动力。社区口译的研究充分借鉴其他学科理论，如翻译学、话语分析、语用学、跨文化研究、社会学和心理学等，研究视野逐渐开阔，研究方法日益丰富，研究成果不断涌现，不仅对社区口译职业化进程产生了促进作用，而且还影响了整个社会的公共服务乃至立法。难怪波赫哈克认为："社区口译职业的日益凸显以及其学术研究的兴起是 20 世纪 90 年代中期以来口译研究史上最显著的进步之一。"（Pöchhacker，2007：1）

三 社区口译研究文献计量分析

从 20 世纪 60 年代开始到 21 世纪初，社区口译职业化已走过了近 40 多年的历程。社区口译研究也从最早的埋没于会议口译研究光环下无人问津，发展到 80 年代的复兴，直到 90 年代的黄金时期，重新融入主流口译研究，并成为口译研究学科不可分割的重要部分。下面，笔者尝试用科学计量学的方法，通过对全球社区口译文献的数量、发表时间、类型、地域分布、作者、学校及出版社等情况的统计分析，从宏观角度勾勒出社区口译研究近 40 年来的发展进程、特点和趋势。

（一）研究方法和数据

科学计量学（Scientometrics），又称文献计量学（Bibliometrics），是应用数理统计和计算技术等数学方法对科学活动的投入（如科研人员、研究经费）、产出（如论文数量、被引数量）和过程（如信息传播、交流网络的形成）进行定量分析，从中找出科学活动规律性的一门科学学分支学科[①]。科学计量学可以通过实证数据的收集来发现研究成果的增长规律、课题的传播情况和成果的被引用率等，从而进一步了解某学科的演化和进展及跨学科间学者和学术思想的交流合作。主要的科学计量方法包括被引分析（citation analysis）、成果数量分析（publication counting）、网络分析（network analysis）、关键词分析（keywords analysis）等。传统上的科学计量学主要涉及科学技术领域的研究，近年来才开始扩展到一些人文学科，如文化、艺术、语言等。

用于研究而建立的数据库共包含 1426 篇文献，其中最早文献出版时间为 1967 年，截止日为 2009 年 12 月底。数据来源主要包括在线翻译研究文献数据库、各类翻译组织和研究网站、翻译类出版物文献参考。在线翻译研究文献数据库包括：西班牙阿尔卡特大学口笔译

---

① Available on line at http：//baike. baidu. com/link? url = vB0wHa8nDQoS2S0EHae _ MTsbNiWLhMGaJ4m9juQtzzo8gjAm8DspclD3kQoWlKZU（accessed 20 April 2010）.

数据库（BITRA，目前最大的免费网络数据库，拥有两万多条文献数据，数据每月更新一次）①、约翰本杰明出版公司的翻译研究文献数据库（TSB）②、国际会议译员协会口译文献数据库（AIIC Bibliography on Interpretation）③。各类翻译组织和研究网站近50多个，在此不作详述。翻译研究类出版物中的文献参考，主要以本杰明（John Benjamins）和圣杰罗姆（St. Jerome）出版公司的口译研究类专著或论文集为主，其中又以第1—5届"关键链接"国际社区口译大会论文集中的所有参考文献为主。

　　搜集的文献资料按以下类型输入数据库归类：专著、论文集、期刊论文、论文集论文、手册/指南、书评、研究报告共7类。由于版权保护和资料有限的原因，大多数著作和文章无法获得全文，仅能通过摘要和主题词来判断其研究内容，以及是否属于社区口译研究的范畴。根据社区口译研究成果的内容，将文献分为五大类：综合类、法律口译、医疗口译、手语翻译和远程口译（Remote Interpreting）。综合类口译研究是指从宏观角度上对社区口译进行研究，并不局限于某一个专业领域，如医疗或法律。法律口译包括发生在法庭、警局、避难所（难民）、移民局、拘留所、律师事务所等场合的口译活动，其中法庭口译最为常见。医疗口译包括发生在医院、诊所、保健中心、急救中心、交通事故处理、心理咨询中心等场合的口译活动，其中医院口译和保健口译最为常见。手语是聋人或听障人士表达思想情感、获得信息、参与社会生活的主要工具，手语翻译包括口语和手语之间的互译以及手语和手语之间的互译，是聋人或听障人士有效沟通的主要桥梁。远程口译主要指使用电话、电视、多媒体、网络等辅助工具进行的社区口译。

（二）社区口译研究整体发展

1967—2009年，社区口译研究的整体发展情况如图2-1所示：

---

①　http：//aplicacionesua. cpd. ua. es/tra_ int/usu/buscar. asp.

②　http：//www. benjamins. com/online/tsb/.

③　http：//aiic. net/page/1437/bibliography – on – interpretation/lang/1.

80 年代至 90 年代稳步上升，21 世纪初期呈迅猛发展趋势，在 1997 年、1999 年、2003 年连续出现三次高峰，其间有所降落；2005 年达到最高峰的 138 篇成果后，至 2009 年开始回落。笔者认为，20 世纪末至 21 世纪初期的发展原因可以归纳为四点：（1）全球政治、经济、文化交流和互相依存的加强，尤其是人口流动的频繁，使社会对译员数量、服务种类及质量的要求随之增加，这直接导致了全球译员培训项目（尤其是大学培训课程）、专业口译科研机构及研究培训项目的增多，如较为著名的国际译联（International Federation of Translators, or FIT）、欧洲翻译学研究会（European Society for Translation Studies, or EST）、比利时鲁汶大学翻译学研究中心 CETRA（Centre for Translation Studies, Catholic University of Leuven）和丹麦的奥胡思商学院（Aarhus School of Business）每年暑期举办的、针对翻译领域博士生的翻译学研究培训班（CETRA），从而带动了整体口译研究的发展（Gile，2004：19—22）。（2）1995—2007 年连续召开的五届"关键链接"社区口译大会开辟了社区口译研究的新纪元并极大地带动了社区口译理论和实践的发展，1997、1999、2003、2007、2009 年先后出版了五本大会论文集，丰富了社区口译研究文献宝库，也是导致图 2-1 中 1997、1999、2003 年三次高峰的主要因素之一。仅 2005 年一年就出版了 5 本社区口译方面的论文集，使社区口译研究达到了最高峰。（3）许多新的口笔译专业刊物的创立，为社区口译研究提供了发表和交流的平台，如《目标》、《媒他》、《译者》、《口译》、《译员通讯》等。（4）科技和互联网的发展和普及彻底改变了全球信息交流的模式，使得有关社区口译研究的活动和成果能在第一时间里传遍几乎全球的每一个角落，研究者之间的切磋和资源分享也没有了距离上的障碍。

2005—2009 年的回落表明研究发展到了一定的饱和趋缓阶段，如卢德文所说："尽管（社区口译）在世界许多地方取得了明显的进展，但是令人沮丧的现实是：发达国家，如澳大利亚、加拿大和美国等，社区口译职业化进入了停滞不前的状态，社区译员从事职业前的大学义务教育仍很渺茫，有关译员的角色仍争论不休，工作

环境、职业稳定性及工资待遇等仍远不尽人意。"（Rudwin 2007：47—69）

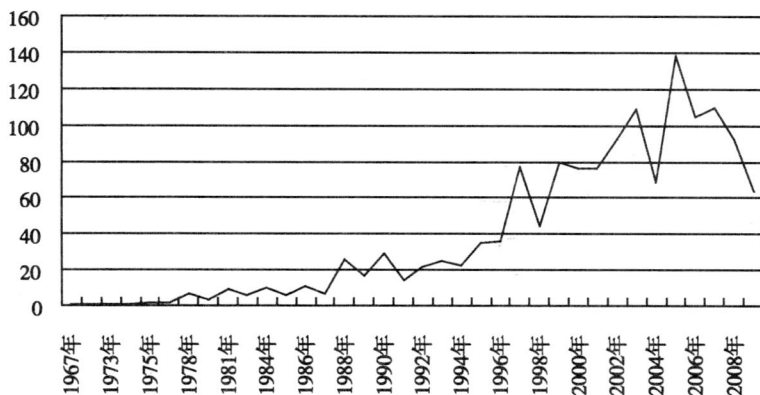

图 2 - 1　社区口译研究整体状况

（三）社区口译研究的地域分布

所搜集的数据中，有部分作者，尤其是一些欧盟国家作者，存在国籍变动的情况，因此对于作者所属国家的确定，以其发表该成果时所在的国家为准。对于一篇文献多个作者的情况，以第一作者的国籍为准。1426 篇文献中，文献数量超过 20 篇的国家如图 2 - 2 所示，其中美国数量最多为 452 篇（占比 32%）；西班牙第二，183 篇（13%）；英国第三，169 篇（12%）澳大利亚和加拿大位居第四、第五。可以看出，社区口译的研究主要集中在几个发达的、有着大量移民的工业国，此结果同班恩克罗夫特的调查结果一致①，这些国家都有着相关的人权法案，保证移民（不懂或不擅长当地语言者）和听障人士能够获得平等的法律、医疗、教育等权利，也都较早建立了较完备的法律、医疗和手语翻译的培训、认证体系（Bancroft，2005）。

西班牙、奥地利、瑞典、比利时等欧盟国家后来居上，其中重要

---

① 参见 M. Bancroft. The Interpreter's World Tour-An Environmental Scan of Standards of Practice for Interpreters, Cross-Cultural Communications, Prepared for the National Council on Interpreting in Health Care, March 2005. Also available at http：//www. hablamosjuntos. org/resources/pdf/The_ Interpreter's_ World_ Tour. pdf。

原因之一在于欧盟成员国之间居民可以自由迁移或旅游，而且在90年代末，由于巴尔干半岛以及北非部分国家的不安局势，导致大量难民前往欧盟国家寻求庇护。欧盟国家的社区口译研究发展主要集中在21世纪的前十年，目前也处于起步阶段，大量研究的成果形式为调查报告，主要涉及社区口译服务和质量（Hale，2007：202）。南非是图中唯一的一个发展中国家，而在大多数发展中国家，会议口译是唯一的已建立的口译研究领域（Bancroft，2005）。南非的宪法规定，每一个居民都有权利选择通过适合的语言来接受教育，有权利使用适合的语言，有权利参与选择的文化生活。2000年，南非通过了语言政策和计划方面的特别法案，并于2002年建立了非洲第一个电话口译服务系统①。

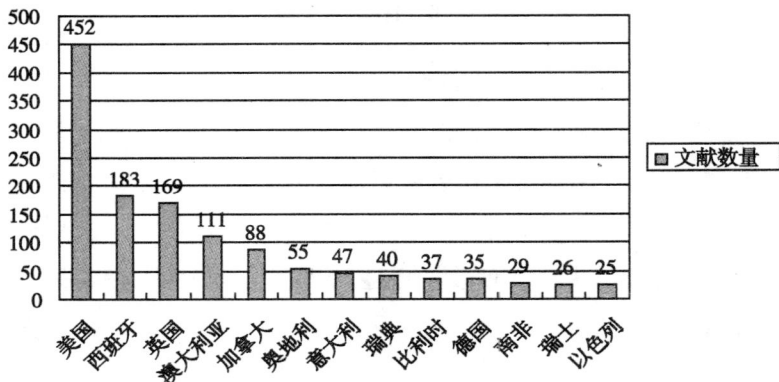

图2－2　社区口译研究地域分布

（四）社区口译研究的领域

按照社区口译研究领域，可将所有文献分为社区口译综合类、法律口译、医疗口译、手语翻译和远程口译。在所有的文献中，除去15本翻译论文集（口笔译综合类），其他研究领域的数量及占比如表2－2所示，增长对比情况见图2－3。

---

① 转引自 A. Lotriet. Sign Language Interpreting in South Africa：Meeting the Challenges. Available on line at http：//www. criticallink. org/proceedingscl2/9. pdf （accessed May 24 2010）。

社区口译研究主要集中于法律和医疗口译，其次为综合类研究和手语翻译研究。20 世纪 60—70 年代是社区口译的萌芽时期，主要以法律、医疗保健和手语翻译研究为主，美国是主要的研究国家，18 篇成果中有 13 篇来自美国。美国 1964 年《人权法案》第六条就明文规定，英语能力有限者（LEP：Limited English Proficiency），都有享受政府部门提供的各种服务的平等权利。60 年代美国通过了听障人士权利保障法案，并于 1965 年成立了著名的"手语译员注册中心"。1978 年美国颁布了《法庭译员法案》，为法庭口译标准、译员测试和资格认证以及法庭口译在全国法院的普及奠定了基础。因此正如前文所述社区口译的发展，一方面是由于大量移民或居民迁移的增加，另一方面则是法律保障公民权利的结果。

发展速度最快的为综合类研究，从六七十年代的 2 篇成果到 21 世纪初的 266 篇成果，这说明社区口译正在成为一门独立的综合类研究学科，正在被认同并越来越受到关注。以往，尤其是 80 年代前的那种各研究领域（法律、医学、口译）独立发展、互不交融的局面正在结束。在巴黎学派盛行时期，尽管其他类型口译作为职业或研究课题也开始受到关注，但大多数仍然处于会议口译的"阴影"下，直到 80 年代，才开始了多元化的趋势，并在学术成果中得到显现（Pöchhacker，2004：36）。

远程口译，主要是指电话口译和远程视频口译。从 70 年代开始，随着科技的发展，光纤网络技术和大容量通讯交换系统得到广泛的应用，从技术上和硬件上为大规模、高效率提供电话口译服务带来了可能。目前，电话口译以其快捷、全天候、多语种等特点，为社会各界广泛应用，尤其是在医疗、事故营救等领域，并呈现出强劲的发展势头。进入 21 世纪后，随着数字技术和因特网的普及，视频口译，如电视会议口译、网络视频口译等也日益受到采用，并得到关注。但目前，关于远程口译的研究仍处于起步阶段，相信在未来会得到普及。

表 2 - 2　　　　　　　　　　　社区口译研究领域

社区口译研究内容	60—70 年代	80 年代	90 年代	21 世纪初	总数	占比（%）
社区口译综合	2	13	73	266	354	25. 09
法律口译	9	49	152	184	394	27. 92
医疗口译	3	17	90	283	393	27. 85
手语翻译	4	12	61	171	248	17. 58
远程口译	0	0	6	16	22	1. 56
总数	18	91	382	920	1411	100

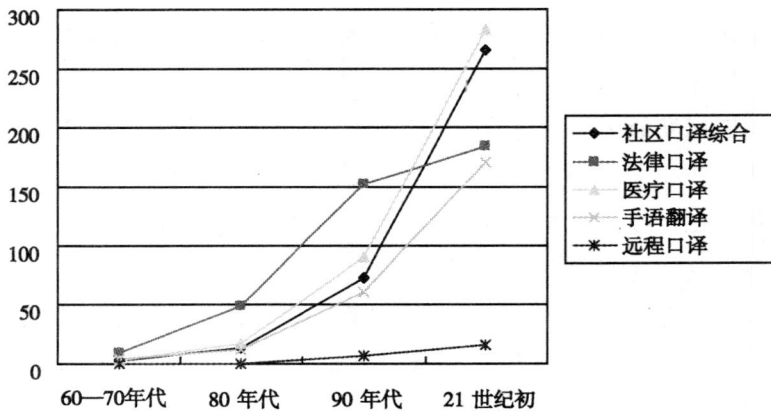

图 2 - 3　社区口译研究领域增长图

（五）社区口译研究成果发表的形式

搜集的文献资料按以下类型输入数据库归类：专著、论文集、期刊论文、论文集论文、手册/指南、书评、研究报告共 7 类。1426 篇文献数据中，共有 65 本专著、54 本论文集、616 篇期刊论文、614 篇论文集论文、21 本手册/指南和 19 篇研究报告。具体数字及占比见表 2 - 3。

表 2 - 3　　　　　　　　　社区口译研究成果发表形式

研究成果类型	数量	占比（%）
期刊论文	616	43. 2
论文集论文	614	43. 1

续表

研究成果类型	数量	占比（%）
专著	65	4.6
论文集	54	3.8
书评	37	2.6
手册/指南	21	1.5
研究报告	19	1.3
总量	1426	100

1. 期刊论文

期刊仍然是科研成果发表的首选，尤其是一些学术领域内著名的核心期刊。本研究中，在期刊上发表的论文占了43%，统计结果与贾蓓科（Grbic′，2008）的相关研究十分近似（45%）。著名口译专家吉尔认为笔译和口译研究范式最大的改变莫过于承认"翻译研究"（Translation Studies，TS）为跨学科的研究（interdiscipline），口译研究中的跨学科性在于大量借用其他学科中的方法，如认知心理学、神经生理学、语料库语言学、社会学以及最近的文本语言学和语用学等（Gile，2004：19）。社区口译内容和形式的多样性更加吸引了许多"非口译员"的其他学科专家学者的关注，如语言学、社会学、人类学、语篇研究专家等。因此，社区口译研究呈现出交叉学科的特点，大部分的研究成果并不是发表在专业的口笔译期刊中，而是呈多元化状态分布，其中又以医学和法律、手语领域内的期刊为主。616篇期刊论文，共发表在280种期刊中，每本期刊平均发表2.2篇文章。笔者将这280种期刊分为翻译（口笔译）、语言、社会与文化、医疗、法律、手语和其他共七大类，其中医学类的期刊数量最多，发表的文章也最多，其次为翻译类期刊，具体见表2-4。

表2-4 社区口译研究期刊论文

期刊类型	期刊数量	文章数量	平均每本期刊发表文章
翻译（口笔译）	42	192	4.6
语言	30	75	2.5

续表

期刊类型	期刊数量	文章数量	平均每本期刊发表文章
社会与文化	19	23	1.2
医疗	120	199	1.7
法律	40	46	1.2
手语	8	51	6.4
其他	21	30	1.4
总计	280	616	2.2

　　笔者又将发表在翻译类期刊上的论文进行了分类统计，列出了发表 5 篇论文以上的期刊，见表 5，其中有 6 种刊物发表的社区口译文章超过了 10 篇。《口译》期刊的全称为《口译：口译研究与实践国际期刊》（Interpreting：International Journal of Research and Practice in Interpreting）是在意大利特利亚斯特大学（University of Trieste）莫瑟—梅瑟教授（Barbara Moser-Mercer）倡导下于 1996 年创刊的第一本由同行评审的口译专业国际性期刊，由荷兰的本杰明出版社发行，研究内容涵盖各种形式和场合下的口译，并着重推出了几期社区口译的专刊。它的创刊无疑是向口译界发出了"跨学科研究"（interdisciplinary research）的明确信号（Pöchhacker，2008：31）。《美国翻译家协会会刊》（The ATA Chronicle）是美国翻译协会的月刊，该协会是美国也是全球最大的翻译和口译工作者行业协会，拥有 1 万多名会员，具有较大的发行量和影响力。《安特卫普语言学：翻译研究新系列》（Linguistica Antverpiensia，New Series-Themes in Translation Studies，LANS-TTS）是比利时安特卫普大学高级口译笔学院出版的年度期刊，每年的刊物着重一个主题。新系列 5（New Series 5）于 2006 年出版，主题为社区口译，从方法、理论等方面深入探讨了社区口译的发展和现状。《媒他》（META）是加拿大蒙特利尔大学主办的法英双语学术期刊，创刊于 50 年代，也是加拿大翻译和术语工作者协会会刊。《译者》（The Translator：Studies in Intercultural Communication）则是由英国圣杰罗姆出版公司于 1995 年创刊的，专注于作为跨文化交流活动

口笔译研究，是翻译界的领军期刊（A&HCI、SSCI 检索期刊）。《口译期刊》（*Journal of Interpretation*，JOI）是美国手语译员注册中心（RID）发行的手语翻译期刊，主要刊登手语研究的论文、研究报告和评论等，同时也兼顾有声口译和笔译方面的文章。《巴别塔》（*Babel*）创刊于 1955 年，是国际译联旗下刊物。《译员通讯》（*The Interpreters'Newsletter*）于 1988 年在特里亚斯特大学问世，是口译研究史上著名的特里亚斯特研讨会（Trieste Symposium）的产物，并迅速成为以口译为基础的跨学科交流的平台。

表 2 – 5　　　　　　　　　社区口译研究核心期刊

期刊名称	文章数量
Interpreting	23
The ATA Chronicle	22
Linguistica Antverpiensia，*New Series 5*	20
META：Translator's Journal	16
Translator：Studies in Intercultural Communication	15
Puentes	13
Journal of Interpretation	7
TTR（*traduction*，*terminologie*，*rédaction*）	6
Babel	5
The Interpreters'Newsletter	5
Proteus	5

2. 论文集论文

共有 614 篇文章发表在 178 本论文集中，其中翻译类专集（口笔译综合）数量最多，为 82 本，口译类专集 19 本，社区口译类专集 54 本（综合类 12 本，法律、医疗保健和手语翻译共计 42 本）。见图 2 – 4。

收集 10 篇以上社区口译研究文章的论文集见表 2 – 6，其中 *Aequitas*、*Aequalitas*、*Aequilibrium* 是欧盟 Grotius 和 Agis 项目资助下的三本法律口译论文集，由荷兰 ITV Hogeschool voor Tolken en Vertalen 大学的专家和学者编著。为方便研究，将上述三本论文集、五届关键链

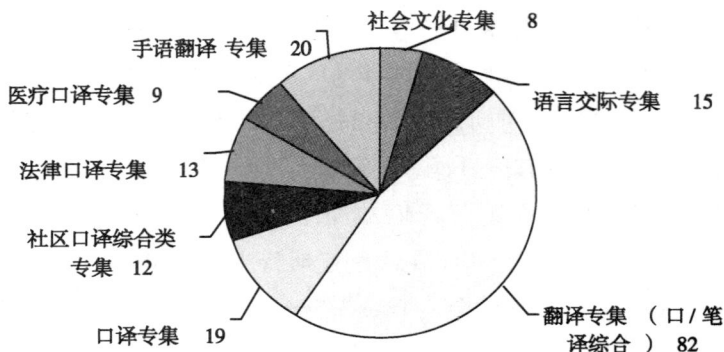

图 2 - 4　社区口译研究论文集论文

接社区口译大会的论文集合并统计。值得一提的是，2005 年共有 5
本论文集出版，这也是 2005 年社区口译研究达到最高峰的主要原因。

表 2 - 6　　　　　　　社区口译研究主要论文集

论文集	主编及出版年限	文章数量	研究领域
The Critical Link 1—5	John Benjamins Publishing Co. , 1997—2009.	97	综合
Research and Practice in Public Service Interpreting and Translation: Challenges and Alliances	Valero-Garcés, Carmen (ed.), 2008.	26	综合
Aequitas/Aequalitas/Aequilibrium (Grotius Project 1998/GR/131, Grotius Project 2001/GRP/015, EU Project JAI/2003/AGIS/050)	Hertog, Erik, Heleen Keijzer-Lambooy, Willem Jan Gasille (eds), 2001—2005.	24	法律
Community Interpreting and Translating: New Needs for New Realities	Valero-Garcés, Carmen, Guzmán Mancho Barés (eds.), 2002.	24	综合
Translation as Mediation or How to Bridge Linguistic and Cultural Gaps	Valero-Garcés, Carmen (ed.), 2005.	23	翻译
Traducción e interpretación en los Servicios Públicos. Contextualización, actualidad y futuro	Valero-Garcés, Carmen (ed.), 2006.	23	翻译
Working with Interpreters in Mental Health	Tribe, Rachel & Hitesh Raval (eds.), 2003.	13	医疗
Crossing Borders in Community Interpreting. Definitions and Dilemmas	Valero-Garcés, Carmen & Anne Martin (eds.) 2008.	13	综合

续表

论文集	主编及出版年限	文章数量	研究领域
Liaison Interpreting in the Community	Mabel Erasmus, Lebohang Mathibela, Erik Hertog, Hugo Antonissen（eds）1999.	12	综合
Sign Language Interpreting and Interpreter Education: Directions for Research and Practice, 2005	Marc Marschark, Rico Peterson and Elizabeth A. Winston（eds）, 2005.	12	手语
Topics in Signed Language Interpreting: Theory and Practice	Terry Janzen（ed）, 2005.	12	手语
Interpreting-Yesterday, Today and Tomorrow	Bowen, David & Margareta Bowen（eds）, 1990.	10	口译
Advances in Teaching Sign Language Interpreters	Cynthia B. Roy（ed）, 2005.	10	手语

3. 社区口译研究专著

共有 65 部社区口译方面的专著，其中社区口译综合类 17 部、法律口译专著 22 部、医疗口译 14 部、手语翻译 11 部、电话口译 1 部。专著最多的作者是美国蒙特雷国际研究学院的 Holly Mikkelson 教授，共有 3 本专著，她主要致力于法庭口译的研究。出版了两部专著的作者共有 7 人：Claudia V. Angelelli（美国圣地亚哥州立大学）、Hanneke Bot（荷兰乌特勒支大学）、Sandra Beatriz Hale（澳大利亚西悉尼大学）、Janice H. Humphrey（美国加州大学）、Jemina Napier（澳大利亚麦考瑞大学）、Malgorzata Tryuk（波兰华沙大学）和 Hans Verrept（比利时）。

（六）作者分析

1426 篇文献共有 1233 名作者（包括多人合著的，最多为 9 人合著 1 部成果），平均每人发表了 1.16 篇成果，大部分作者只发表了一篇作品。发表十部成果（著作、论文均包括）以上的共有 17 人，见表 2-7。西班牙阿尔卡拉大学的巴列罗（Carmen Valero-Garcés）著作最多，共计 41 部，她是文学院现代语言文学系主任，长期致力于社区翻译研究和人才培养，主要负责协调 FITISPos 研究小组进行社区口笔译项目研究，她曾分别于 2002 年和 2005 年在阿尔卡拉大学负责举办了两次社区口译国际会议，并主编了 5 本社区口译方面的论文集。克赛里斯（Ann Corsellis）曾任英国语言学家学会副主席，主要致力于社区口译服务、译员培训和评估等方面的工作，她还是"国家注册公共服务译员协会"（NPRSI）的董事会成员，具有丰富医疗口译和法庭口译经验。莫里斯（Ruth Morris）、米克尔逊（Holly Mikkelson）和塞雷格森（Susan Berk-Seligson）则被认为是法庭口译领域研究的领军人物（Pöchhacker，2008：33），其中塞雷格森所著的《双语法庭》（*The Bilingual courtroom* 1990）是法律口译语篇分析的代表作，在大规模数据基础上，从语篇分析、实证及人文角度研究法庭中语言的互动（Hale，2007：201）。波赫哈克（Pöchhacker）是维也纳大学翻译研究中心教授，他主要专注于研究社区医疗场所、避难所审讯口译以及最近的口译研究学科的普遍问题，其专著《口译研究概论》（*Introducing Interpreting Studies*）成为口译研究的经典教科书和读本。澳大利亚的黑尔（Sandra Beatriz Hale）主要从事法庭口译话语研究，她于 2007 年出版了《社区口译》（*Community Interpreting*）一书，被认为是社区口译研究领域内的最新成果，她从社区口译的概念、实际应用和研究方法等方面对这一口译类型进行了较为全面的论述。罗伯茨（Roda P. Roberts）和瓦登斯约（Cecilia Wadensjö）则被认为是社区口译研究的先锋之一（Pöchhacker，2008：33），其中瑞典林克平大学的瓦登斯约是最早研究以译员为媒介的医疗过程的学者之一，她的对话口译研究（Dialogue Interpreting）在口译研究领域产生了重要的影响，建立了以三方互动中对话语篇为中心的 DI 范式，将口译纳入了基于话语的对话交际范式（dialogic discourse-based interaction paradigm）（Pöchhacker 2004：79）。美国的安吉莱莉（Claudia V. Angelelli）主要从事医疗口译的研究，她的《医学口译与跨文化交际》（*Medical Interpreting and Cross-Cultural Communication*，2004）和《重识译员的角色》（*Revisiting the Interpreter's Role*，2004）通过运用社会学和语言人类学理论并结合实证研究的方法来证明医学译员的显身性（任文，2010：27）。

表 2-7　　　　社区口译研究专家学者

作者	国家	院校/科研机构	成果数量	主要研究领域
Carmen Valero-Garcés	Spain	University of Alcalá de Henares	41	Community Interpreting
Ann Corsellis	UK	Chartered Institute of Linguists	23	Community Interpreting
Ruth Morris	Israel	Bar-Ilan University	21	Court Interpreting
Franz Pöchhacker	Austria	University of Vienna	21	Community Interpreting
Holly Mikkelson	USA	Monterey Institute of International Studies	20	Court Interpreting
Sandra Beatriz Hale	Australia	University of Western Sydney	19	Court Interpreting
Erik Hertog	Belgium	Lessius University College	16	Court Interpreting
Jemina Napier	Australia	Macquarie University	16	Sign-language
Grbic´, Nadia	Austria	Karl-Franzens University	14	Sign-language
Cecilia Wadensjö	Sweden	Linköping University	14	Dialogue Interpreting
Helge Niska	Sweden	Stockholm University	13	Court Interpreting
Graham H. Turner	UK	Heriot-Watt University	13	Sign-language
Nancy Schweda-Nicholson	USA	University of Delaware	12	Court Interpreting
Susan Berk-Seligson	USA	Vanderbilt University	11	Court Interpreting
Sonja Pöllabauer	Austria	Karl-Franzens University	10	Community Interpreting
Roda P. Roberts	Canada	University of Ottawa	10	Community Interpreting
Claudia V. Angelelli	USA	San Diego State University	10	Medical Interpreting

（七）出版公司和学校

在本研究的时间段内，约翰本杰明出版公司共出版了 12 本论文集、4 本专著。约翰·本杰明出版公司是一家独立学术出版商，其总部位于荷兰的阿姆斯特丹，涉及的研究领域主要包括语言和语言学。从 1964 年来开始发行"本杰明翻译图书馆"（BTL）系列丛书，截至 2009 年年底已经出版了 87 本专著或论文集，几乎涵盖了翻译领域内所有课题，成为翻译研究必不可少的经典参考书目。曼彻斯特的圣杰罗姆出版公司（St. Jerome）共出版了 3 本论文集和 2 本专著，悉尼的联邦出版公司（Federation Press）出版了 3 本专著，英国的劳特利奇出版社（Routledge）2 本专著，美国的麦克米伦出版公司（Palgrave Macmillan）2 本专著。

西班牙的阿尔卡拉大学（University of Alcalá）与格兰纳达大学（University of Granada）通过紧密合作，共同进行社区口译的研究，使之成为其学术强项和重点，并开设了社区口译研究的博士专业，两个大学拥有多名专家学者，如巴列罗（Carmen Valero-Garces）、马丁—安妮（Martin Anne）、伊莎贝尔—马蒂（Isabel Abril Martí）和吉安布鲁诺（Cynthia Giambruno）等。阿尔卡拉大学版社共出版了 6 本论文集，格兰纳达大学出版了 2 本专著。此外还有意大利的博洛尼亚大学（University of Bologna）和利亚斯特大学（Trieste University），它们不仅拥有大批的口译研究专家，还创办了《译员通讯》和《口译》两本口译界著名的刊物，为社区口译研究成果的发表和学术探讨提供了有益的平台。丹麦的奥胡思商学院（Aarhus School of Business）早在 1997 年就举办了针对翻译领域博士生研究人员的 CETRA（Center for Translation，Communication and Cultures）研习班，为社区口译的研究培训了大批人才，该校还创办了自己的口译研究刊物《赫耳墨斯》（*Hermes：Journal of Language and Communication Studies*），发表了大量高质量的社区口译研究成果。比利时鲁汶大学（University of Leuven）紧随其后，陆续举办了几届 CETRA 翻译研究研习班，成为国际翻译学研究重镇。美国华盛顿特区的加劳德特大学（Gallaudet University）手语翻译研究位于世界前列，其研究生学位课程对手语翻译研究起了重要的推动作用。该校拥有一批手语翻译研究的专家，如梅茨格尔（Melanie Metzger）、罗伊和厄尔（Fleetwood Earl）。其出版社也以手语研究出版物而著名，2003 年开始发行"口译研究（手语）"系列丛书，目前已经出版了 7 本专著。

社区口译研究盛行的学校还包括加拿大的渥太华大学、澳大利亚的西悉尼大学、美国的蒙特雷国际研究学院、比利时的莱休斯大学等。

第三章　社区口译研究途径和理论范式

第一节　社区口译研究途径

上一章节我们主要探讨了社区口译研究的职业化、学术化和学科化进程，以及它们之间的互为基础、互相促进的关系。在此基础上，本章将探讨社区口译研究过程中的学科视角、贯穿社区口译研究始终的核心理念（或叫作模因）及它们之间的关系、应用于社区口译研究中的方法论。

一　社区口译研究学科视角

在上一章中，笔者曾引用口译专家吉尔的话，指出笔译和口译研究范式最大的改变莫过于承认"翻译研究"（TS）为跨学科的研究，口译研究中的跨学科性在于大量借用其他学科中的理论和方法，如认知心理学、神经生理学、语料库语言学、社会学以及最近的文本语言学和语用学等（Gile，2004：19）。口译研究在成为一门学科（或子学科）的过程中，很大程度上也借鉴了其他更加成熟学科的概念和方法途径（Pöchhacker，2004：47）。因此，要了解社区口译研究中的核心理念和理论框架，就要首先清楚其借鉴或使用了哪些学科视角来进行观察和研究的。

谈到学科视角，人们往往会自然想到口译研究的"母学科"——翻译研究（TS）。然而，以往采用翻译研究的理论或方法途径来进行口译研究是非常有限的，直到 90 年代末，翻译研究的一些基本观点和理念才被引入口译研究的认识论和方法论层面。波赫哈克归结了三点原因：一是翻译研究学者往往将自身的研究范围局限于笔译，认为没有必要将他们的研究方法和模型应用于口译。即使有少数学者原则上想尝试从理论上对口译进行分析，但考虑到口译活动转瞬即逝的特性，与固定的书面语言相比研究起来十分不便，因此在实际研究中便放弃了。二是口译研究学者的狭隘性，尤其是主流（会议）口译研究团体的职业封闭传统和自我保护意识，使口译研究者对一些可能相关的笔译研究成果兴趣不大，如"对等概念"（notion of equivalence）几十年来一直是翻译学科中话语研究的中心词，但是众多的口译研究者却一直在使用"准确性"（accuracy）或"默许错误"（errors on the tacit）等概念，并不加质疑地假定原语和目标语对等。三是笔译研究的学者们并非一个团结紧密的群体，翻译研究也是"一系列异常庞杂且松散的范式"（Ibid，49）。因此，迄今为止口译研究更多地受到其他学科研究途径的影响，而非自家的"兄弟学科"（笔译）或"母学科"（翻译研究）。社区口译研究也是如此，其主要的学科视角源于语言学、社会学和文化人类学等。

从 20 世纪八九十年代开始，一些口译学者针对社区口译的交际和互动特性，用语言学、社会学、文化人类学以及文化研究等相关学科的理论、思维方式和研究方法对社区口译进行多维度的研究，其中最多的是借鉴语言学中话语分析（Discourse Analysis，DA）的途径。

（一）语言学视角（话语分析）

语言学以其庞杂的分支和学科交叉著称。在五六十年代口译研究刚兴起时，口译学者主要借鉴语言学理论和方法对原语和译语中的语音、词汇和语法进行研究。在随后的几十年内，当代语言学又衍生出许多分支学科，如对比语言学（Contrastive Linguistics）、社会语言学（Sociolinguistics）、微观语言学（Micro-linguistics）、语篇语言学（Text Linguistics）等，这些领域都不再局限于研究语言本身，而是把视野扩大到语境和语言的交际功能，它们以不同的方式为口译研究，尤其是社区口译研究提供着理论依据和研究模式。

始于 60 年代的语篇语言学又称为"话语分析"（discourse analysis）或"语篇分析"（text analysis），它吸收了包括语言学、符号学、心理学、人类学、社会学等学科的研究成臮，慢慢形成了一个专门研究交际中语言使用情况的学科。随着语言学家将其分析的领域扩展到句子层面以外的语言，在交际互动中作为口语或书面语的"语篇"（text）便成为结构描述和语用分析的研究目标。在紧密联系的发展中，对"话语"的关注导致了更为广阔的话语研究框架的产生。由于话语分析更深入地把研究的焦点放在社会交际中的情景互动上，它为社区口译和对话口译的研究奠定了重要的基础①。

　　话语分析的角度可分为四种：交际人类学和互动社会语言学的话语分析、微观语言学的话语分析、谈话分析和批判话语分析（Hale，2007：205）。话语的社会语言学研究（Sociolinguistics）实际上是"语言"和"社会/文化"研究视角之间的重合领域，如交际人种学（Ethnography of Communication）以及其他跨文化交际的学科认为文化引导着人们思考和互动的方式（Gumperz and Hymes，1972）。"交际人种学"一词是由美国语言学家海姆斯（Dell Hymes）在1962年创造的一个术语，用来描述研究作为文化知识和行为一部分的交际模式的理论或者方法。主要分析文化语境下的语言和篇章，根据特定言语群体中言语构建和反映社会生活的方式来描述言语的模式（Tischer et al.，2003：90—91），如在一个特定言语群体中的任何场合下，讲话人不仅应知道基本的语言法则，而且还应该知道说什么、怎么说、对谁说才能更合适地与他人交流，也就是说具有一定的交际能力。交际人种学的理论和方法很适合社区口译研究，尤其是交际能力，不论什么语言对子的译员都应该具有良好的交际能力，其中包括双语能力、互动技巧和跨文化知识等。因此，交际人种学所使用的交际能力评价工具对于研究口译中的互动十分有用。美国法庭口译研究专家塞雷格森在研究双语法庭口译译员角色时就使用了交际人类学的方法论概念，发现译员远非法庭所期盼的那样谦逊隐身，而是通过不经意地改变律师问话的力度和企图，来影响律师施加的权力和控制目的（Berk-Seligson，1990：42）。美国医疗口译研究专家安吉莱丽也从人

---

① 转引自 F. Pöchhacker and M. Shlesinger. *Healthcare Interpreting：Discourse and Interaction*.［M］. Amsterdam/ Philadelphia：John Benjamins，2007，pp. 49 – 50。

种学的角度审视了医疗译员的角色，发现大部分译员认为要确保交流的顺畅就要添加或省略一些原语信息，或者自己是过滤器，要滤掉那些无意义或冒犯的话语（Angelelli，2004：105—125）。

　　互动社会语言学（Interactional Sociolinguistics）综合了人类学、社会学和语言学的视角来分析语言、文化和社会之间的相互作用，对研究社区口译中角色关系和期待以及社会、文化和其他已有知识体系如何影响交际中意义的形成有着很大的帮助作用。互动社会语言学与交际人类学也存在许多交集，它主要关注交际中语言和文化的多样性以及这些多样性对社会中不同群体关系的影响。它也使用话语分析的方法，在微观研究中借鉴了对话分析（Conversational Analysis，CA）的技巧，但是与对话分析不同的是，它认为社会文化语境对交际互动有着广泛的影响（Stubbe et al.，2003：358）。

　　微观语言学中的话语分析主要受交际语用学中的言语行为理论和礼貌原则的影响，侧重分析口语交际中形式和功能之间的关系。曾执教于英国赫利奥特—沃特大学的梅森（Ian Mason）和哈蒂姆（Basil Hatim）两位教授是国际知名的口笔译专家，他们在话语分析、篇章语言学、交际语用学、礼貌原则和关联理论等方面有很深造诣。他们认为口笔译活动是特殊的交际活动，应放在社会文化环境中研究，不能从单独的字词句的狭义层面来解释翻译行为，而应将这些言语放在当时的交际语境中进行考察。译员也通过对交际各方的各种言语和非语言表达（如姿势、手势、表情等）的理解和揣摩，理解原语的文本和语用含义，并据此通过选择自身的言语和非语言表达予以传达。他们建议用微观语言学的话语分析和社会语言学理论来研究译员的角色（Hatim & Mason，1990）。梅森还将互动交际中的三大主题，立场（footing）、礼貌（politeness）和关联（relevance），引入社区口译研究中（Mason，2004：90—95）。通过"立场"这个视角，研究译员和客户、译员与公共机构服务人员之间的"结盟"（alignment）关系；"礼貌"或者说"合作原则"可以用来研究社区口译中的"面子问题"（issue of face）、缓和策略（mitigation strategies）以及译语中加入适当礼貌用语的语用功效等；关联理论的两个原则，认知原则和交际原则，可以间接地应用于译员表现的研究。大量数据研究表明，译员在实际工作中往往遵循这两个原则，而不是我们翻译领域内强调的"忠实原则"（faithful translation）。为了保证交际活动中的关联性，译员会在译语中添加一些原语中没有的信息，或者省略一些他们认为无关紧要的信息（cf. Hale，2007：207）。

社区口译研究还借鉴了社会学中对话分析的理论和方法。在社会学中，对话分析用来研究自然状态下发生的言语，而不是语篇语言学研究中常用的人为制造的句子。对话分析也关注语言功能和言语行为，目的在于确定人们日常谈话的模式和顺序，发现那些被我们熟视无睹的对话规则。对话分析会对人们互动过程中的微观细节进行分析，如开场白、结束语、话轮（turns）的发起、争夺和交替，同时也关注对话中的一些非语言特性，如目光注视、身体语言、座位安排、语调等。这些方面的研究理论和方法为社区口译研究提供了良好的理论基础和分析视角，尤其是对于研究不对等权利场合下（如法庭、医院、避难所等）译员的立场、角色变化和口译质量等有着重要的借鉴作用。

在分析自然状态下口译互动中的语言因素的同时，社区口译研究还需要考虑互动中语言和社会语境的功能，尤其是在研究法律和医疗口译的时候。80年代初，英国兰开斯特大学的语言学教授费尔克拉夫（Norman Fairclough）提出了"批判话语分析"理论（Critical Discourse Analysis，CDA），主要研究社会和政治语境下如何通过语篇和谈话来滥用职权、掌控优势和构建不平等地位，以及如何通过话语和谈话来抵制这些不公平等（cf. Fairclough，1989，1992）。通过描述一些日常不太被注意的交际过程，批判话语分析研究学者发现话语结构能够体现和构建权力和统治优势，尤其是在一些参与方权力不对等的场合。社区口译研究学者也借鉴了批判话语分析的理论和方法，主要用于法庭审判、庇护所以及医疗场合下的口译研究。通常口译的研究会关注译员口译的准确性，而批判话语分析视角下的社区口译研究则更关注语言弱势群体的社会劣势以及译员如何去改变这些不公平境况，学者们因此呼吁译员不能刻板地遵循伦理规范要求，而应扮演

"提倡者"或"支持者"（advocate）的角色，提倡和支持实现社会权利公平。

（二）社会/文化学视角

语言学中的话语分析实际上是"语言"和"社会/文化"研究视角之间的重合领域，然而由于社会学（Sociology）和文化人类学（Cultural Anthropology）等学科在研究交际过程时，突出了互动和文化维度，因而为口译研究提供了独特的视角（Pöchhacker，2004：50）。但在这些社会文化视角开始兴起的阶段，以会议口译为主的口译研究关注的是口译的心理机制，认知科学研究路径的重要性盖过了社会文化视角。直到非会议环境下的社区口译研究的日益兴起，社会文化视角才被重视。如安德森（R. B. W Anderson，1976）曾提出要关注口译过程中场景分布、角色冲突以及参与者社会阶层、教育和性别等方面的权力和地位等潜在问题。社会学的另一个影响来自戈夫曼（Erving Goffman，1981），他关于面对面互动和话语参与的分析深深启发了瓦登斯约的研究，并成为对话口译研究的基石。从更广的层面上看，对于译员在历史上的权力和文化地位的研究也是从文化研究的视角入手的。

社区口译研究的社会或文化学视角还来自于人种学。传统的人种学局限于研究调查一些非西方文化，而近年来的人种学开始研究社会内部任何特殊群体，如法庭、译员或学校。基于人种学视角的社区口译研究也关注不同场合下的"文化"和"群体"，如双语法庭或双语医院等，旨在探求在口译为媒介的环境下所有不同的参与方如何表现、互动、对彼此的期望以及选择动机。这些研究有益于了解口译场景中不同参与方的观点、需求和期望（Hale，2007：215—216）。

上述所探讨的各种学科视角，从宽泛多元化的语言学话语分析到更加具体的社会互动中的语言应用，都为社区口译的研究作出了贡献，有些贡献是来自这些领域内对口译研究有兴趣的专家，有些则是为社区口译研究学者提供认识论和方法论的工具，其中交际人类学和互动社会语言学研究途径更多地被社区口译学者所借鉴。

二 社区口译研究的模因

任何研究过程的第一步都是要去发现一个问题或者一种现象，然后加以描述和探究。有些问题和现象会被不同年代、不同领域或不同层次的专家学者反复探讨，最终成为这一学科研究的核心理念或者最具有代表性的特征，就像生物进化中的遗传基因一样，决定着一个生物体的最基本特征，但又不断地进化变异。这些在人类文明进程中如基因一样被传播和重复的理念、方法、创新和发明等被称为模因（Meme）。模因这个词最初源自英国著名科学家道金斯（Richard Dawkins）1976年所著的《自私的基因》（*The Selfish Gene*）一书，其含义是指"在诸如语言、观念、信仰、行为方式等的传递过程中与基因在生物进化过程中所起的作用相类似的那个东西"为了读上去与gene一词相似，道金斯去掉希腊字根mimeme（原意是模仿的意思）的词头mi，把它变为meme，这样的改变还很容易使人联想到跟英文的"记忆"（memory）一词有关，或是联想到法文的"同样"或"自己"（meme）一词①。如今meme一词已得到广泛的传播，并被收录到《牛津英语词典》中。根据《牛津英语词典》（2007版），meme被定义为："文化的基本单位，通过非遗传的方式，特别是模仿而得到传递。"② 因此模因又被译为"密母"、"文化基因"或者"模仿因子"。

1997年，芬兰赫尔辛基大学的切斯特曼教授（Andrew Chesterman）将模因的概念引入翻译学研究，在其著名的《翻译模因论》（*Memes of Translation*）一书中，他认为一些模因高度概括了翻译自身及其理论的概念和观点，最重要的一些类型如理论概念、规范、策略和价值观，它们在历史上不同的研究阶段重复出现，影响如此深远，

---

① Available on line at http：//baike. baidu. com/view/416425. htm（accessed 28 July 2011）.

② Meme refers to an element of a culture or system of behavior that may be considered to be passed from one individual to another by non‐genetic means，especially through imitation according to The New Oxford English Dictionary［C］. Shanghai Foreign Language Eductaion Press，2007，p. 1324.

因此被称为超级模因（supermemes），据此切斯特曼提出了翻译学中五种超级模因①。根据切斯特曼的超级模因理论，波赫哈克总结出了口译研究中的两种超级模因：过程或处理［process（ing）］和交际活动（communicative activity）（Pöchhacker，2004：52）。"过程或处理"可以说是口译研究中最具影响力的超级模因，因为任何一种口译活动都是将话语从一种语言转换成为另一种语言的过程。与笔译研究关注转换过程中的语言"客体"不同，口译研究更多地关注话语信息从输入到输出的转换过程，或从认知或心理的角度分析译员大脑处理信息的过程，这一超级模因在会议口译研究中一直占据着重要的位置。"交际活动"模因是对"过程或处理"的补充，因为口译还可以理解为人类在特定互动场合下的交际活动。从这个更为"自然的"角度出发，口译即为使交际可行的一种听说结合的活动（Pöchhacker，2004：53）。

在两个口译超级模因的基础上，波赫哈克又细分出五个更加具体的普通模因：语言转换（verbal transfer）、释意（making sense）、认知信息处理技能（cognitive information processing skills）、语篇/话语产出（text/discourse production）和协调（mediation）。这五个普通模因又分别从属于两个超级模因，其中语言转换和认知信息处理技能属于"过程或处理"的范畴，释意、语篇/话语产出和协调则属于"交际互动"的范畴（Ibid）。如果说会议口译研究集中于对语言转换和认知过程的探讨，更加关注对"过程或处理"超级模因的研究，那么置身于日常社区生活中的社区口译则更注重口译的交际功能，如译员的角色、文化协调功能、参与者的权力关系等，因此，目前的社区口译研究主要围绕释意、语篇/话语产出和协调三个模因。

随着口译培训的学术化发展，塞莱斯科维奇和她所代表的巴黎学

---

① 这五种"超级模因"包括原文—译文（source - target）、等值（equivalence）、不可译性（untranslatability）、意译对直译（free - vs - literal）和写作即翻译（all - writing - is - translating）。参见 Andrew Chesterman. *Memes of Translation*［M］. Amsterdam/Philadelphia：John Benjamins Publishing Company，1997，pp. 5 - 14。

派提出了释意理论，其核心理念是"释意"这一模因，即将口译作为意义交流活动，而不是单纯的语言转换。释意派率先将口译放在交际语境中进行描述，认为译员是听众和讲话人活动的桥梁，其任务是实现交流双方的相互理解。理解原语传达的内容，然后将所理解的观点或信息用另一种语言进行表达，以便目标听众能够理解，这个过程就是译员的主要工作（Herbert，1952：23）。释意的首要前提是"理解"，而理解的基础则是已有的知识（prior knowledge），尤其是有关所译主题的丰富知识。塞莱斯科维奇认为口译或者整体上的理解就是对已有知识的激活，连同感知输入而形成的概念性思维。其次是表达或者信息的输出，译员的语言要"适应接受者的需要"（Seleskovitch，1978：9），"以最适合听众理解的口头形式予以表达"（Ibid，1976：109），并且像优秀演说家那样表达所有的观点（Herbert，1952：23）。因为译员在一定程度上能够理解讲话人的社会文化背景，而听众则不一定，所以译员要尽量使其表达的信息能够与听众的已有知识或者"文化参照框架"（cultural frames of reference）相适应，这样才能够做到真正的"释意"（Seleskovitch，1978：100）。虽然"释意"这一模因最早是由会议口译研究的先驱提出的，并且主要应用于国际交流环境下的会议口译研究，但是当人们开始关注国际会议口译以外的口译场合时，才发现其影响力更为深远。在社区口译场合下，主要的参与方通常具有不平等的社会地位和差距甚远的教育背景，如果译员的语言要适应接受者的需求，或者说其表达要在接受者的社会文化背景下言之有意，他（她）将不得不变换措辞、解释或者简化以期达到讲话人所希望的交际效果（Pöchhacker，2004：57）。

"语篇/话语产出"模因的提出主要受益于 70 年代出现的语篇语言学和话语分析理论，强调译员对原语的理解以及语篇/话语产出的功能。首先，不论口译被视为一个过程或者一排交际活动，它都是一排以产出为主的活动。其次，口译活动也可以被视为一个以交际意图为中心的复杂的关系网。因此，可以通过衔接、连贯、互文性和可接受性等语篇标准来描述口译活动。一般来说，语篇是语言的实际运用形式，而在具体场合下，语篇则是根据一定语言衔接和语义连贯规则而组成的系统，有待于读者或听者解读。语篇往往是静态的，具有独白性（monologic）、单向性的特点，更适合描述单向的会议口译，如发言人产出语篇，然后被听众接受。话语则突出口头性、互动性和对话性（dialogic）的特点，更适合描述动态的、讲话人和接受者面对面的互动交流，尤其是社区口译中常见的对话口译形式。虽然"语篇"和"话语"之间的概念区分十分模糊，并且在多数情况下是相同的，但是随着语料库语言学研究方法的应用，这种双重语篇/话语模因被证明是非常具有指导性的理念，并且将长期保持其深远影响力（Ibid，58）。

"协调"模因与话语过程的管理密切相关。作为中间人（the man in the middle/ intermediary），译员不仅是语言的中介，而且还是被服务双方所代表文化的中介。被服务双方承担着不同的角色，在交际中有着不同的意图和期望，这些意图和期望往往会有冲突，从而迫使译员作为"协调人"（mediator）去解决矛盾，增进理解，保持交流畅通。"协调"这一模因在社区口译场合下尤其被关注，如法庭、医院或移民局等，被服务双方通常有着完全不平等权力和差异巨大的社会文化背景。为了显示权力和影响力或争夺话语权，双方会同时发言或者争抢话轮，导致话语冲突，译员是保持中立或隐身，还是作为"协调人"去裁定话轮权，保证对话的有序进行？当一方无法理解另一方的意思，或者一方的文化习俗冒犯了另一方而导致对话的终止，译员是去解释协调，还是保持中立而置之不问？虽然关于译员角色问题的讨论在学界仍无定论，但"协调"模因对研究社区口译中各方的角色、意图和期望的研究有着重要的指导作用。

三　社区口译研究的方法论

如果要探求研究某一领域并获取细节知识以便提出观点，就需要通过某些途径来进入其中，了解它的各种真实表现形式，这些途径就是我们通常说的方法论。具体一点说，就是研究或调查某一学科领域所用方法和程序的集合。任何的科学研究都要求遵循一定的方法论，通常包括探求的模式（演绎推理或是归纳推理）、数据的性质（定量还是定性)、研究目的、总体方法论策略等。传统的探究模式是演绎推理，即从理论到数据，先在理论框架内确定一个假设，然后确定可测量的变量，通过实验、观察、调查等方法获得定量数据来证实假设的真伪；与演绎相反的途径是归纳推理，现通过观察、实验和调查来获得定性数据，然后概括出一个理论。而研究目的总体上是探究、描述或解释。根据具体的目的，研究者会采取一个整体的方法论策略来处理实证数据，通常有三种：观察法（observational research）、实验法（experimental research）和调查法（survey）。观察法又称为实地考察（field work），是指当研究现象发生时在现场对它进行观察或收集数据，如研究者亲眼实地观察、录音或录像等；实验法是指在实验室中模拟真实场景获取数据；而调查法主要是通过访谈或调查问卷的方式获取数据。

对比上述研究方法论，口译研究自身也展现了其方法论的多样性和不断发展的潜力，既有偏"实证科学"类的，也有偏"人文科学"类的。其方法论，同其他学科研究一样，也包括归纳法、演绎法、定性研究和定量研究，不同的研究目的需采取不同的研究方法。上文所谈到的三种方法论策略：实地考察、实验法和调查都大量应用于口译研究。而具体到社区口译研究，其方法论同翻译学研究或会议口译研究一样也具有多样性特点，并且大量借鉴语言学、社会学和心理学的研究方法。

在探讨口译质量研究的过程中，波赫哈克总结出了四种研究社区口译质量常用的实证方法：调查法、实验法、基于语料的观察分析（corpus-based observation）和个案研究（individual cases）（Pochhacer, 2002：98—106），笔者认为这四种关于质量的研究方法完全可以作为整体社区口译研究方法的代表。波赫哈克认为最常用和最多产的研究方法是调查法，主要通过使用调查问卷或设计好的访谈对交际互动中的某一个或多个现象进行调查，如译员服务的质量、译员角色、被服务方（讲话人和听者）对口译质量和译员角色的评价和期望、译员对工作环境的要求、对公共服务机构及其人员的评价和期望等。如加拿大的梅莎（Anne-Marie Mesa）将11种语言的调查问卷发放给66名口译客户和 30 多家医疗机构的 288 名员工，调查前者对口译服务质量的看法，后者对 30 多名译员口译质量和表现的评价并打分（Mesa，1997）。波赫哈克在维也纳对 629 名医疗和社会工作者进行了问卷调查，内容包括译员的角色定义和素质，评价标准包括语言和文化能力、教育程度、专门知识、培训、行为表现以及保密等（Pöchhacker，2000）。卡迪克（Kadric，2000：126—136）则对维也纳 200 名地区法官进行了问卷调查，内容涉及法庭译员的素质和任务定义等。实验法主要用来评估译员的"表现"（performance）对听者的影响，如塞雷格森模拟了法庭审判的现场，向模拟的陪审团成员宣读经过译员口译过的证人证词，证词版本不一，一个是用比较礼貌的语言，另一个相对粗俗，以此实验来验证译员语域（register）的不同会影响听者的思维以及对证人可信度的判断（Seligson，1988：411—439）。实验法主要使用的手段是模仿（simulation），但是由于缺少真正的社区口译场景，许多数据的可信息度还有待商榷。同调查法和实验法相比，基于真实文本语料的观察分析还相对较少。比较有代表性的如科克利（Dennis Cokely，1992）搜集了十次真实手语口译的数据语料来分析译员的"失误"（miscue）；波赫哈克通过对比分析 5 组原始讲话稿和口译译文来描述与口译质量相关的因素，如干扰、犹豫、口误和变音以及连贯性等（Pöchhacker，1994）；卡琳娜（Sylvia Kalina，1998）则在建立真实语料库和实验语料库的基础上，开展一系列的实证研究，如译员的语调、口译干扰、译文错误和自我修正等。尽管基于文本语料的观察分析可以对一些口译细节进行详尽的分析，但是同实验法一样，转写的文本毕竟是孤立静止的，无法反应真实的多维度的口译现场，研究者的分析也因此受到局限。由于社区口译活动是在特定机构或情形下发生的涉及社会等级、文化差别、权力分配等因素的交际互动，仅通过观察真实文本语料是不够的，还需要研究者在针对个案的基础上搜集最大量的信息。个案研究强调综合各种研究方法，如调查研究、访谈、实地观察、文档分析以及文本语料分析等，以便获得较为全面完整的信息。如瓦登斯约在研究中就经常使用个案分析法，她不仅录制和分析大量的真实话语语料，还作为观察者参与到口译现场，并且在口译结束后立即进行调查访谈。

　　澳大利亚黑尔教授也总结了四种最常用的社区口译研究方法：话语分析（discourse analytical approach）、人类学方法（Ethnographic approach）、调查法和实验法（Hale，2004：204—221）。话语分析法类似于波赫哈克提出的基于语料观察法，主要通过对自然语境下发生的讲话进行转写分析以获得数据，分析的角度在上文也谈到过，主要有四种，即交际人类学和互动社会语言学的话语分析、微观语言学的话语分析、谈话分析和批判话语分析。尽管每一种话语分析方法都具有独特的理论和分析工具，社区口译中的话语分析法往往是所有话语分析方法的综合，其优点在于能够了解社区口译场合下各机构（institutions）的话语习惯以及不同语言群体的对话方式和习惯，同时也能够描述和分析译员在该语境下的话语表现。人类学方法等同于上述的观察法或实地考察，主要使用实地观察、访谈、中心小组（focus group）等方式来获取或者诱发（elicit）数据，这种方法有助于了解社区口译场合下各参与方的观点、关注和需求，为以后的话语分析和实验提供数据。调查法主要是从大量被调查者那里获取关于某些现象的真实信息，通常使用问卷的形式，也包括访谈或者搜集研究官方文档等。调查的结果也通常用来为政策制定者提供依据或建议。社区口译研究中的调查大多涉及某个国家和地区的社区口译职业现状，如译员的工作环境、薪酬、培训需求等，还有口译参与各方的观点、态度和感受等。实验方法通常多见于会议口译研究，但是近年来也开始被社区口译，主要是法庭口译研究所采用。该方法先假设后推理，在人为可控的实验室环境下，测试假设的可行性。该方法源自心理学实验，主要用来研究法庭环境中译员的理解能力、思维方式、对某些话语的反应、话语类型及对听者的作用或影响。对于检验一些基于真实数据而得出的假设的真伪，实验法被证实十分有效。黑尔教授就利用实证法论证了法庭上证人回答问题的方式和译员的相应处理方式（Hale，2004：145—59）。

第二节　社区口译研究的理论范式

一　理论范式

第二章和本章中我们分别讨论了社区口译研究的兴起、基本理论和模因以及研究的途径，大家会发现同其他学科一样社区口译研究在不同的时期（尽管其研究史很短）有着不同的研究理论和方法，或者说不同的研究传统，亦称为不同的范式（paradigm）。下面我们将通过使用范式这一概念来探讨社区口译研究中特定模式的出现和发展。

"范式"的概念是由美国科学哲学家库恩在《科学革命的结构》（*The Structure of Scientific Revolutions*，1962）一书中提出的，他认为科学理论不是能被经验证实或证伪的个别命题的集合，而是由许多相互联系、彼此影响的命题和原理组成的系统整体，他将这一系统称为范式，并指出范式是某一科学团体在长期的探索、教育和训练中形成的共同信念[①]。这种信念规定了他们共同的理论观点和研究思路，为他们提供了考察问题和解决问题的共同方法，从而形成该学科的一种共同传统，并为其发展确定了共同方向。在提出之初，范式理论只针对自然科学，但后来也被应用于社会科学，包括翻译学。

由于范式的概念有广义和狭义之分，广义上是指具有共同理念的研究团体，狭义上是指研究方法的范例，因此口译学者对范式理论的使用也不尽相同。如莫瑟梅瑟（Moser-Mercer，1994）用范式来区分两个不同的口译研究群体：社会科学群体和自然科学群体。施莱辛格（Miriam Shlesinger，1995）则把范式作为一个理论和方法论模式应用于更为具体的口译研究。最早对口译范式进行系统研究的还是奥地利的波赫哈克，他借助切斯特曼的模因理论和库恩的范式概念，对 20

---

①　Available on line at http：//baike. baidu. com/subview/26218/6845453. htm （accessed 15 March 2012）.

世纪 70 年代以来的口译研究进行了梳理和汇总，归纳出了五种研究范式：释意理论范式（IT paradigm，interpretative theory of translation）、认知处理研究范式（CP paradigm，cognitive processing）、神经语言学研究范式（NL paradigm，neurolinguistic paradigm）、翻译理论研究范式（TT paradigm，translation-theoretical paradigm）和话语互动研究范式（DI paradigm，dialogic discourse-based interaction）（Pöchhacker，2006：225—228）。

　　第一种范式是七八十年代以塞莱斯科维奇和勒代雷（Marianne Lederer）为代表的巴黎学派所倡导的翻译释意理论范式。该范式的提出主要是依据广义上的范式概念，即具有共同理念的研究群体，他们认可基本相同的假设、价值、方法和标准。IT 范式的核心理念是"释意"模因，强调口译过程中脱离语言外壳的意义的重要性，即口译是意义交流的活动，而不是简单的语码转换。其方法论主要依靠对真实口译实践的观察而非在实验室中进行实验，释意理论过于强调观察法的重要性，不注重采用实验等实证方法来研究口译，因此其结果往往是规定性的，缺乏科学依据。释意理论范式可以认为是最早的口译范式，至今仍有很大的影响作用。第二种范式是在 20 世纪 80 年代中后期由一些对心理学和认知科学感兴趣的口译学者提出来的认知处理研究范式，这些学者也与释意派一样试图解释口译中译员的大脑活动，但并不赞成仅仅使用基于本能的自然主义方法，而是希望借助心理学和认知科学的方法来达到目的。代表人物包括吉尔、杰弗（David Gerver）、麦金塔什（Jennifer Mackintosh）、莫瑟梅瑟、斯坦泽尔（Catherin Stenzl）和兰博（Sylvie Lambert）等人，他们公开挑战释意派理论，称其研究缺乏科学性，提倡通过跨学科合作来提高口译研究的科学水准，如斯坦泽尔倡导要进行系统的描述性研究，吉尔认为口译研究需从认知心理学、心理语言学和应用语言学等学科角度切入。该范式的核心理念是"认知信息处理"，认为口译是一种信息加工活动。这种范式通常使用实验法来验证研究假设，引导了以实验手段为主的实证研究的"复兴"。第三种是在 90 年代图尔库大会后出现的神经语言学范式，主要由特里亚斯特大学的神经科学家法布罗（Franco

Fabbro）和格兰（Laura Crran）倡导，依靠更为专业的神经心理学实验的研究方法，近来还运用大脑成像技术使"正在翻译中的大脑"（the translating brain）得以视觉化，试图解密口译的认知过程。该范式主要用神经学的方法来研究口译，但是其对于口译研究的影响力却是有限的，因为它主要关注大脑的功能和翻译时大脑半球的运作情况，对于研究设备和研究方法要求很高。

以上几个范式考察的都是译员的心理加工活动，而对口译的社会文化语境则未曾提及，与之有关的社会交际问题也少有人探讨。20世纪80年代，德国功能派翻译理论家汉斯—弗米尔（Hans Vermeer，1989）提出了翻译目的论（Skopos Theory），他认为翻译行为都是由翻译目的决定的，即译者的目的、译文目的和翻译手段要达到的目的，这些目的并非完全由传统的翻译原则，如原语—译语对等、忠实性所决定的，而更多的是由译语接受者的交际需求和期待、情景和社会文化语境所决定的。随着目的论在翻译研究中应用得越来越多，口译研究者开始将目的论或德国功能主义翻译观引入口译研究，不以原语或原文本为研究对象，而是考察目标语和译文，认为口译活动是由其交际需要、目的语的听众或社会文化环境所决定的。受弗米尔的影响，斯坦泽尔在特里亚斯特研讨会（Trieste Symposium）上呼吁要拓宽口译研究的视野，采用更偏重功能性的途径，把口译放在整个交际过程中进行研究，将发言人、译员和接受者都考虑进来（Stenzl，1989：24）。波赫哈克则以功能主义理论为基础构建概念模型，对会议口译同传中的互动、情景及文本特征进行实证分析。但是总体来说，以功能主义为基础的口译实证研究还是相对较少，直到该研究途径与翻译学中的另一个研究趋势—以译文为导向的描述翻译学—融合后才逐渐形成了口译研究的又一新范式，即以目标语语篇为导向的翻译理论途径，又称翻译理论研究范式，代表人物有什莱辛杰和波赫哈克（Pöchhacker，2004：72）。值得一提的是，这一范式已经开始关注文本、交际和社会文化问题，探讨交际的各方如何从社会文化立场出发进行彼此的互动，因此这一范式更多地与社区口译紧密相连，涵盖了不同文化场合下的社区口译，为20世纪90年代出现的新的研究范式打下了基础。

第五种是 20 世纪 80 年代末到 90 年代初产生的话语互动研究范式，这一范式的兴起得益于社区口译职业和学术研究的快速发展，以及随之产生的大量研究成果。其中以罗伊和瓦登斯约为代表的学者从美国人类学、社会学和社会语言学的研究成果中获取灵感，开始关注各种对话口译类型，并将口译视为发生在一定社会和机构的语境下、以译员为中介的三方参与的交际谈话过程，通过对"作为交际活动的谈话"（talk as（inter）activity）的分析来弥补"作为文本的谈话"（talk as text）的观察视角之不足，体现的是话语产出和协调的模因。代表作是罗伊关于手语翻译中话轮研究的博士论文和瓦登斯约关于警局和医疗面谈中对话口译的研究。她们的研究为口译研究提供了一个新的概念途径和语篇研究方法，从而催生了话语互动研究范式的诞生。话语互动研究范式在 90 年代不断发展，出现了更多的基于话语的实证研究。著名译学期刊《译者》（The Translator）分别于 1999 年和 2001 年出版了一期专刊和副刊讨论对话口译。

上述的五种范式是共同存在呢，还是新的范式的出现意味着旧的范式的消亡？根据库恩的研究，当旧的范式无法解决新问题时，就会出现新的研究模式，挑战旧范式的地位最终导致范式转换（paradigm shift），从而推动着科学的不断发展。虽然波赫哈克的口译研究依据了库恩的范式理论，但他并不认同其范式转换的观点。他认为范式的变化是一种进化（evolution）而非革命（revolution），虽然范式之间存在着一定的争议和矛盾，但是也有一定的互补性，因此目前的口译领域呈现的是多种范式共存并相互关联的局面（Pöchhacker，2006：227—228）。正如什莱辛杰在 1995 年指出的："我们没有——我们也并不需要一个统一的范式。"（Shlesinger，1995：9）嘉松和维埃奇则给出了更好的解释："尽管口译研究基于多种范式，但所有的学者都愿意把自己归于这个独立且自重的研究群体，而且这个群体也越来越得到全球科学界的认可。"（Garzone and Viezzi，2001：11）

从上述五种范式的介绍中，我们也很容易看出：释意理论范式虽然是最早的较为系统的口译理论，但是由于缺乏实证的结果，常常被认为不够严谨科学；而认知处理范式和神经语言学范式主要针对的是口译过程中认知和信息处理的模式，专注于大脑的结构和语言转换之间的关系，而忽略了口译活动中的交际因素。如任文教授所指出的："它们更多关注的是译员/译者的语言转换的功能性作用，似乎都没有把译员真正作为一个具有社会性和（跨）文化身份的人、一个交际活动的共同参与者来研究。"（任文，2010：49）因此，只有第四种和第五种口译研究范式，即翻译理论范式和话语互动范式，最贴近于社区口译研究，能够为社区口译研究提供最佳的研究方法和视角，因为"它们将口译事件视为发生在一定文化、社会和机构的语境之下，由当事双方和译员三方共同参与的话语交际过程，在动态的、对话式的交流模式中考察参与各方之间的权力关系，研究译员的角色、立场、作用和交际过程中意义产生机制……"（Ibid）翻译理论范式和话语互动范式极大地丰富了口译研究的内涵，将一直局限于会议口译场所的口译研究扩展到了法庭、医院、警局、社区等社会各个领域，口译交际中各方的语言、思维、角色关系得以在具体的跨文化语境中加以分析。这两种范式还使口译研究，尤其是社区口译研究更具多学科和跨学科的性质，更多的社会学、人类学、人种志学、跨文化交际学、社会语言学、话语分析等学科的理论、方法和成果被应用于社区口译研究，使其有了认识论和方法论的意义（Ibid，50）。

二　理论模型

模型是所研究的系统、过程、事物或概念的一种表达形式，是人们根据研究的目的，在一定假设条件下，再现某种事物或现象的结构、功能、属性、关系、过程等本质特征的物质形式或思维形式①。模型包括实物模型和理论模型，其中建构模型是一种特殊的理论研究方式。理论模型也可采取多种表达形式，如语言描述、数学公式、图像或图表，其中后两者能够直接形象地表达一种现象，因此成为较为

---

① Available on line at http：//baike. baidu. com/view/96500. htm（accessed 15 March 2012）.

常用的模型形式。由于是对研究现象的简化表达，模型不再包括原型的全部特征，而是舍去了次要的、非本质的细节，保留了本质的特征。因此，通过简单形象的理论模型，可以再现研究现象的复杂结构、功能以及预测其发展规律和方向等。

由于口译理论范式的多样性和共存性，导致了口译研究的复杂性，其中社区口译研究更为复杂，主要是其场合多变，参与各方的文化背景、社会地位和交际目的各不尽相同，要建构一个涵盖社区口译所有方面并且具有预测性的理论模型基本是不可能的，因此，目前大部分的社区口译理论模型都是局限于某一特殊层面，而且多为描述性的模型。笔者认为具有代表性的有曾文中的职业化模型、斯坦泽尔的交际信息流程模型和波赫哈克的口译场合互动模型。

曾文中依据台湾的口译市场建构了口译职业化发展模型（见图3-1），描述了口译职业化的四个过程，即从市场混乱阶段发展到共识和承诺阶段，到职业协会的建立（教育培训机构、职业伦理规范、职业准入等），最终到职业自主阶段（行业保护及许可证）（cf. Pöchhacker, 2004：87）。该模式从社会和机构层面突出了口译职业的发展过程，被许多学者应用到了社区口译研究（如：Fenton, 1993；Pollitt, 1997；Mikkelson, 1996）。

斯坦泽尔根据语篇理论和翻译理论建构了口译交际信息流程模型（见图3-2），描述讲话人、译员和目标语接收者在交际过程中对语篇的处理的15个步骤，其中包括交际意图、情景、社会文化语境、知识和语篇。虽然这个模型最早是针对同传设计的，但由于它不仅描述了口译各方的交际活动，同时还展示了译员加工原语信息的过程，因此适用面很广，成为描述口译，尤其是社区口译过程中交际互动的一个普遍模式（cf. Pöchhacker, 2004：93—94）。

波赫哈克则认为从认知的角度出发整个口译交际场景存在于每个参与方的"眼中"，或者说单个参与方的视角决定了交际场景的状况。他建构的口译场合互动模型（见图3-3）突出了个人的角色、社会文化地位和知识及能力对整个交际互动的影响。个人的交际意图和对其他参与方的评价是由个人的视角或社会文化背景所决定的，而

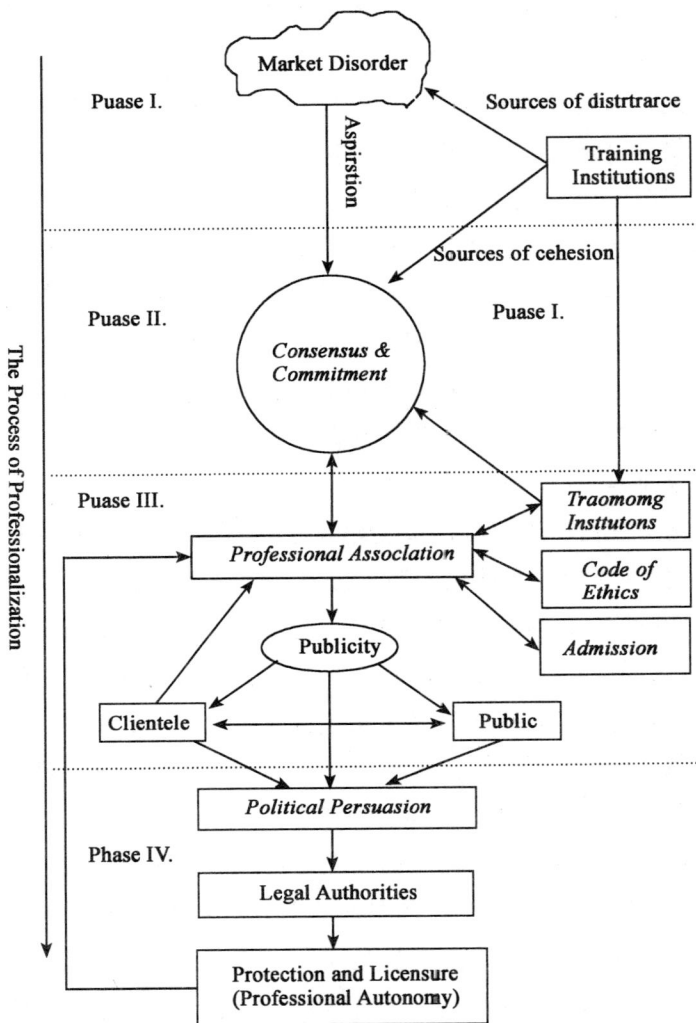

图 3 - 1 曾文中口译职业化过程模型

这种背景和视角又是由各种认知能力和经验组成（Pöchhacker, 2004: 89—90）。因此, 无论是 "一对一" 为主的社区口译互动, 还是 "一对多" 的会议口译活动, 都可以通过这种模型加以描述和预测。

socio-cultural context A　　　　　　　　　　　　socio-cultural context B

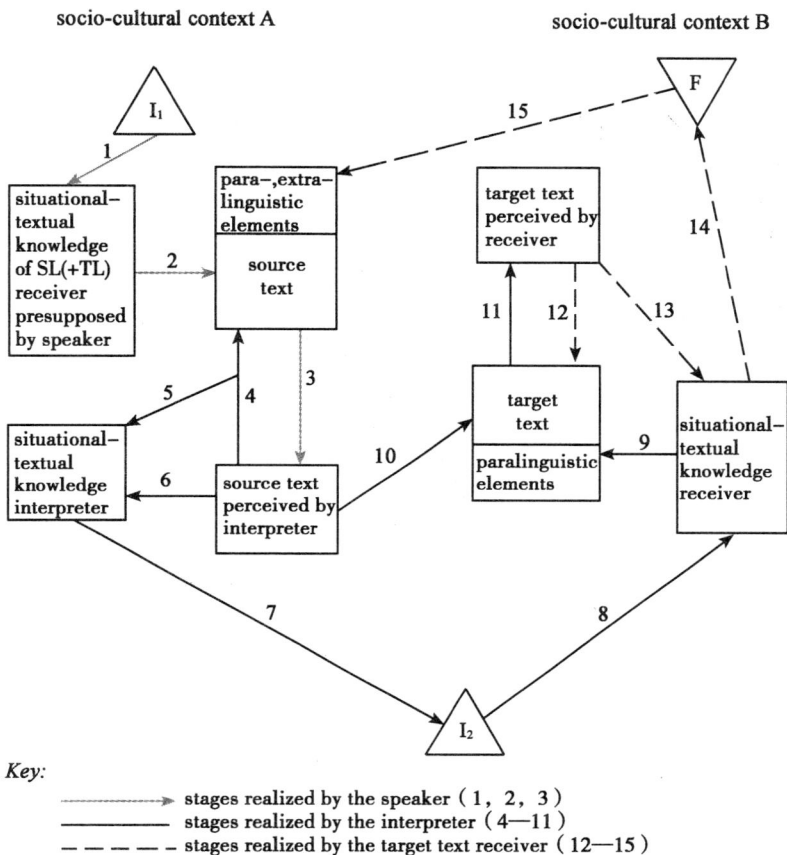

Key:

———————▶　stages realized by the speaker（1，2，3）
——————　　stages realized by the interpreter（4—11）
— — — — —　stages realized by the target text receiver（12—15）

图 3 – 2　斯坦泽尔交际信息流程模型

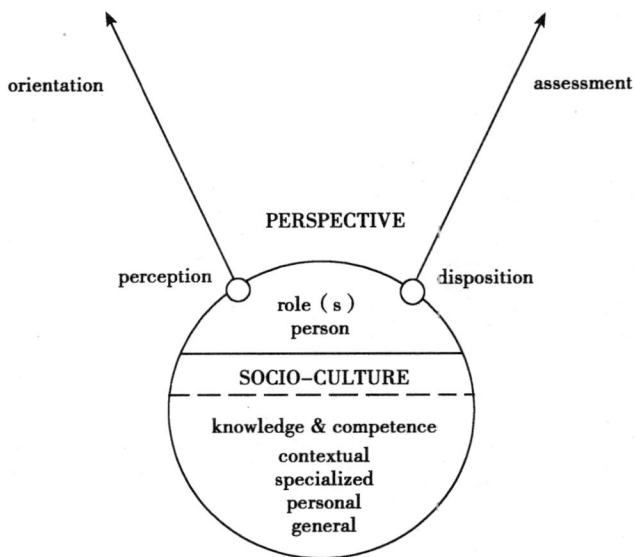

图 3 - 3　波赫哈克口译场合互动模型

第四章　社区口译研究选题

第一节　译员素质和能力

本书所探讨的素质（qualification）主要是指译员的职业道德素质，即我们通常所说的职业伦理（ethics）。它是介于法律和道德之间的一种特殊规范，目的在于调节译员与服务对象之间的关系，保证服务质量，维护行业信誉。译员的能力（competence）则是指胜任口译这门职业所要求的知识和技能的总和，其中知识具体包括语言知识和百科知识，技能包括认知能力、心智能力以及口译专业技能。在多样复杂的社区口译场合下，即便是经验丰富的认证或注册译员也不敢掉以轻心，总有他们不懂的知识或欠缺的技能，因此即便是最简单的口译场景也要有高标准的素质和能力要求。1981 年，澳大利亚的贺恩等学者调查了 65 名社区译员，得出了译员素质和能力的八个标准：双语知识、移民文化知识、客观性、社会交际技巧、可靠性、责任心、诚实、礼貌和谦逊（Hearn et al.，1981：61）。简太尔等人（Gentile 等，1996：65）也认为在联络口译（社区口译）中职业伦理、语言技能、文化能力、口译技巧等是构成译员素质和能力的主要成分。

一　职业道德素质

最早有记载的社区口译伦理可以追溯到 16 世纪西班牙王室制定的殖民地法案 "*Recopilacion* 1791"，其中有 14 条法律涉及译员的行为规范，如：译员应该具备必要的素质和能力并由法院支付报酬，译员不能接受或要求任何礼品，不能与印第安客户私自会面，不能支持印第安人等。1548 年当时的墨西哥地区总督安门多萨专门制定了译员标准：译员必须宣誓保证认真忠实地履行职责，清楚而直接地表达，不能隐瞒或添加，不能倾向于任何一方，除了报酬外不能从工作中谋取任何利益。这些法律条款可以说是社区口译员最早的伦理规范雏形。如果说制定于 1957 年的"AIIC 职业伦理规范"（AIIC Code of Professional Ethics）是会议口译的第一部伦理，那么 1965 年出台的"美国手语译员注册中心职业伦理规范"（RID Code of Professional Ethics）则是社区口译伦理的开山之作①。RID 伦理规范要求译员具备"高尚的道德修养，诚实，有良知，值得信赖而且情感成熟，并且要做到不偏不倚，保持中立、忠实等"（Cokely，2000：35）。

社区口译最基本的职业道德素质主要包括公正、保密、不谋私利等。公正是指不管客户的性别、种族、社会和经济地位如何，译员都必须尽最大所能履行职责。口译服务也不能受译员个人喜好、厌恶或偏袒等因素的影响；除非得到客户的授权或者法律要求使然，译员不得透露在执行口译任务中所获知的任何信息；不谋私利是指译员不能为了个人或金钱利益而工作，也不能使用口译服务中所获得信息来谋取利益（Gentile 等，1996：56）。

澳大利亚黑尔教授对澳大利亚、奥地利、加拿大、哥伦比亚、印度尼西亚、爱尔兰、英国、西班牙和美国 9 个国家的 16 个社区口译职业伦理道德规范进行了对比分析，发现可将职业道德规范内容分为三大领域，一是译员对讲话人的责任，包括准确性、公正和保密；二是译员对职业的责任，包括着装、守时和团结；三是译员作为职业人对自己的责任，包括职业规划、角色定位、工作环境和薪酬等。她发现多数国家的伦理道德规范涉及最多的是第一领域，即译员保密性（confidentiality）、准确性（accuracy）和中立/公正性（impartiality/detachment），分别为 81.25%、75% 和 68.75%，她的调查证实了简太尔的观点。其他职业伦理道德的占比为职业发展规划（50%）、为自

---

① 参见附录 3：国际会议口译译员协会（AIIC）、美国聋哑人协会和手语译员注册中心（RID）等机构的职业行为规范和伦理准则。

身口译行为承担责任（43.75%）、角色定位（37.5%）和职业团结（31.25%）（Hale，2007：108）。

1997 年，麦萨对持 11 种不同语言的 66 名医疗患者和来自 30 个不同医疗机构的 288 名医疗人员进行了问卷调查。其中要求医疗人员对 30 多项译员素质的重要性进行打分，结果显示医疗人员所期待的最重要的素质包括：完全理解患者的语言、保密、避免评判、忠实翻译等，其中 95% 的认为译员保密最重要，91% 的认为译员应保持中立、不做评判，90% 的认为要忠实地翻译（cf. Pöchhacker 2002：100）。柴舍尔等于 1998 年设计了包括社区口译译员素质能力、培训、工资待遇、角色、口译方式、场合等 37 个问题的问卷，收回了来自 7 个国家的 92 名社区口译译员的有效问卷。在涉及译员职业道德素质的选题中，52% 的译员认为保密性最重要，40% 的认为公正性最重要，39% 认为是准确性或忠实性，还有 15% 认为应该有同情心，9% 的认为诚实也很重要（Chesher et al.，2003：273—291）。

会议口译译员通常在译员厢中工作或者与讲话人没有太多的面对面接触和情感交流，因此要做到保密、准确和公正相对容易。而社区口译译员多是直接面对弱势的患者、嫌疑人和移民等，接触到的是极容易影响到情感的私密信息，如病重诊断、家庭暴力控诉、儿童虐待等，很容易深陷其中，不自觉的偏袒或憎恶之情难免流露出来，因此要做到真正的保密、公正并且准确实属不易。尼斯卡（Niska，1995）和米克尔逊（Mikkelson，1998）就提倡赋权于法庭译员，视他们为负责任的专家，而不是不折不扣的传话筒。瓦登斯约（Wadensjö，1998）也指出《瑞典译员良好实践指南》在指导有译员参与的真实交际场景时存在的不足。同样，考夫特和普士（Kaufert and Putsch，1997）也批评了美国和加拿大医疗口译员的行为标准。这些学者通过实际案例指出，在实际的交际互动中译员很难保持中立、公正、准确、完整和保密等标准（cf. Pöchhacker，2004：165）。

黑尔也认同社区口译译员要保持完全中立、公正是不可能的，但她认为译员要时刻下意识提醒自己保持中立，控制自己的主观性，这样才能保证忠实的译文，否则就是不称职。也就是说，哪怕译员不同意一方的观点，也不能修改以迎合自己的信念（Hale，2007：121）。斯梅诺夫也认为在权力失衡和情感纠结的场合下，社区口译译员必须清楚自己的角色和职业道德（Smirnov，1997：211—226）。泰勒则建议要想做到客观公正，可以把自己当成"语言演员"，同扮演罪犯却不想成为罪犯的演员一样，译员也是在演戏，虽然为讲话人进行口译，但是却不希望在真实生活中成为讲话人（Laster and Taylor，1994）。此外，社区口译译员在处于道德困境或生命受到威胁的时候如何为了遵守道德伦理而保密？最典型的例子如："在医患交流前，患者告诉我他打算自杀，让我不要告诉大夫"，"犯罪嫌疑人威胁我说，如果把刚才告诉我的事情告诉警察的话，就会杀了我"等。在上述情况下，是为患者或嫌疑人保密，还是违背伦理规范，挽救患者的生命或冒自己生命危险维护正义？这对于译员来说确实是个两难的处境。黑尔认为要避免这种道德困境（ethical dilemma），译员首先要尽量避免和患者或嫌疑人独处；其次，口译的职业伦理道德规定的是要为口译服务过程中所获得的信息保密，而不是口译前或口译后所获得信息。因此，如果是在口译服务之前或之后获得的信息，作为一名公民，译员是不受职业伦理道德约束的（Hale，2007：130）。

二 译员能力

社区口译员最基本的能力是双语技能或者是语言技巧和知识。简太尔等人就把社区口译员能力划分为两种：语言技能和口译技能，认为二者在口译交际过程中缺一不可。语言技能就是能够在任何语境下流利、地道、正确地使用语言，做到语法、句法和词汇准确。除了正常的双语理解和表达能力，还应该具备转换能力（transfer competence），即能够产出双语中相对应的同义词或近义表达，能够捕捉和产出语域差异，能够辨别和产出不同领域内的表达形式，能够理解原语中语言和非语言的交际提示，并用译语予以合理表达（Gentile 等，1996：42）。而口译技能则包括文化能力（cultural competence）、适当技巧（appropriate techniques）、记忆能力（memory）以及职业能力（professional competence）。文化能力是指译员能够理解讲话人所有的交际意图，如隐藏在语言之中的文化寓意或其他方面的含义。社区口译员需要通过了解社会传统、习俗、禁忌、人文历史、机构制度等才能获得足够的文化能力，理解讲话人世界的非语言知识。译员还需要掌握适当的沟通技巧来确保交际的通畅，如安排参与者的座位、调控话轮、辨清各方角色、口译笔记、清晰发音等。译员还需要具备较好的职业能力，能够独立处理口译过程中以及与同事或其他职业人士交往过程中出现的语言、伦理道德、社会文化等问题，并独立做出判断（Ibid，66—68）。

简太尔等所提出的职业能力很大程度上涉及译员的心理素质，这也是口译学者和心理学家长期关注的问题。如早在 1931 年桑兹（Sanz）对 20 位在"国际联盟"和"国际劳工组织"工作的译员进行了访谈，总结出了 12 种素质和能力，包括认知能力（如智力、直觉和记忆力）、道德和情感素质（如机智、判断力、警觉性和镇定）。1962 年，梵胡夫（van Hoof）通过研究法庭、军事、联络和会议译员，把译员素质能力归为三类，其中不同于桑兹，他把智力单独细分为一类：一是身体素质（如毅力和坚强意志）；二是智力（包括语言能力和广博知识）；三是认知能力（如记忆技巧、判断能力、注意力集中能力和精力分配能力等）（cf. Pöchhacker，2004：166）。柴舍尔等于 1998 年设计了包括社区口译译员素质能力、培训、工资待遇、角色、口译方式、场合等 37 个问题的问卷，收回了来自 7 个国家 92 名社区口译译员的有效问卷，其中译员们认为最重要的能力包括：口译技巧（25%）、跨文化理解（20%）、语言技巧（20%）、场所知识和专业术语（18%）、职业精神（18%）（Chesher et al.，2003：273—291）。

在综合考虑译员的认知能力、智力、心理和情感素质的基础上，内斯卡（Niska，2002：134）把智力因素并入到了文化和语言能力中，将社区口译员的能力综合成为三点：社会文化能力、语言能力和认知能力。社会文化能力是对口译局势（situation）和职业伦理规范的了解，其中口译局势包括口译场景、各参与方的社会地位、交际目的、约束口译行为的社会准则；语言能力包括语言技巧和对话语风格、种类的了解；认知能力则是对口译话题、局势和参与方、对口译技巧的了解，以及宏观交际能力，知道该做什么、为什么。

还有学者从口译服务使用方（users）的角度研究译员的能力。卡德里克（Mira Kadric，2000）对维也纳当地 200 名法官进行了译员能力和角色的问卷调查，结果显示：133 名法官选择了口译技巧，而排名第二的是语言和文化能力，其次是基本法律知识和法庭程序知识。黑尔也对悉尼的 200 名律师、医生和译员发放了调查问卷，收回 41份，调查结果表明：30% 的医生和 23.8% 的律师关注译员表达的流畅性，即语言能力；60% 的医生和 79.2% 的律师关注交流的顺畅，即译员的准确翻译能力和交际调控能力；此外医生比律师更关注译员对背景知识的理解，即场所知识和专业术语等（Hale，2007：146—152）。

第二节　译员角色

口译是发生在一定社会情境下的交际互动行为，而不是真空状态下的纯语言转换互动，因此，译员不可避免地受到自身社会文化背景的影响，如社会关系、习俗、约定和期待（expectiation）的约束，自觉或下意识地使自身行为符合社会对该职业的行为期待，包括其他交际参与方对其的行为期待。这种与社会地位有关的、起到行为约束作用的期待被社会学家称为“角色”，这一概念对研究译员的职业表现起着核心作用。在漫长口译历史中，译员多由自然双语者担任，扮演着中间人（intermediary）的角色，如信使、向导和谈判人等。直到20 世纪，随着口译活动的职业化进程，译员角色才有了明确的规定。在会议口译兴起期间，由于译员工作环境的多为译员厢且借助电子设备，很少与讲话人和听众有面对面的交际沟通，因此，译员的角色多被理解为“中立”（neutral）、“非人”（non-person）或“隐形的”（invisible）“翻译机器”（Reddy，1979；Goffman，1981；Berk-Seligson，1990），常常被比喻为“忠实的回声”（faithful echo）、“管道”（conduit）、“渠道”（channel）、“转换器”（switching device）、“传送带"（transmission belt）、"调制解调器"（modem）或"机器人"（ro-bot），译员完全没有主观能动性，只能像机器一样机械地翻译，甚至是完全的字面翻译（verbatim）。随着全球化的发展及随之而来的频繁的人口迁移，社区口译的作用及重要性日益凸显，职业化进程加快。法庭、医院和警局场合下的译员角色及其所引起的交际问题越来越受到社会和学界的关注。社区口译面对面的交际互动特点使译员更多地参与到讲话双方的交流中，并在语言、社会文化、权力和地位等复杂因素交错的口译过程中所发挥着一定的作用，由此社区口译译员的角色也被赋予了新的更加宽泛的定义，其研究视角也更加多样性。早期盛行的"非人"或"隐形"角色逐渐被摒弃，更多的学者认为社区口译员应充当"文化掮客"（cultural mediator），更加主动地参与到交际中，而不是只关注口译内容，应提供协助或文化调解作用（Giovan-nini，1992；Gentile 等，1996；Merlini & Favaron，2003：212；Foley，2006）。

一 译员角色描述

众多研究表明，社区口译过程受到社会交际、语境、语用和功能的影响变得十分复杂，进而产生了一些限制性因素，如角色矛盾、职业忠诚、现场压力、权力和距离的平衡等，最终影响到译员对自身角色以及社会对译员角色的期待。比如在法庭中，译员的表现很大程度上取决于法官、法庭工作人员、警官等各方的期待。一方面，法律要求译员必须"逐字逐句翻译"（verbatim）所听到的一切；另一方面，他们所受到的培训要求不能进行字对字的僵硬翻译。一方面，法官希望译员保持中立，不偏袒，而另一方面却有时生恻隐之心希望译员给被告以帮助（Fowler，1997：191—200）。另外，社区口译员的自身素质也不尽相同，译员的语言和文化能力、专业领域知识、交际能力等都会影响其互动和调解的角色（Bowen，1995）。有许多译员是临时的未经专业培训的，他们与职业译员能力的差异性也会影响客户和使用方对译员角色的期待和判断。

传统上对社区口译译员的角色期待和描述有两种：一种是保持中

立的"语言译员"（linguistic interpreter）或者说是"管道"（con-
duit）。"管道"一词源于"conduit model of communication"，由莱迪
（Reddy，1979）首先提出，后来被普士（Putsch，1985）用来形容译
员的角色，意为仅仅传输信息而用。"忠实原语内容、完全准确地翻
译讲话人每一句话"经常被认为是译员唯一的作用。第二种是完全参
与到口译交际活动当中的"文化译员"（cultural interpreter）、"文化
掮客"（cultural broker）、"文化协调者"（cultural mediator）和"提倡
者/支持者"（advocate）。"文化译员"的概念最早由加拿大的凯恩克
洛斯（Cairncross，1989）在《文化译员培训手册》一书中提出，她
认为译员的角色除了作为"忠实的嘴巴"（faithful mouthpiece），还应
该是文化掮客或者客户的代表和支持者。充当"文化译员"角色的
社区口译员不仅能够胜任准确的双语信息转换，而且还掌握了文化和
社区机构知识，如医疗和法庭知识，可以承担更多的角色，如调节者
和支持者（Kaufert，2009：239）。除了上述这两种传统角色期待和描
述外，社区口译学者又提出了两种角色，即伙伴角色（essential part-
ner）和显身不透光角色（opaque and visible）。罗伊和瓦登斯约等认
为译员是跨文化对话和互动活动中的合作者或构建者（Wadensjö，
1998；Roy，2000）。安吉莱丽（Angelelli，2003：15—26）则提出社
区口译员的角色应该是显身但不透光的（opaque），而不是完全透明
（transparent）或者隐身的（invisible）。一方面译员具有所有的社会和
文化要素，能够和其他参与方共同构建交际互动场景，因此他/她不
是隐形的；另一方面译员对权力、社会或经济地位、性别、年龄、种
族、国籍、道德和文化约束等因素又具有独自的理解和观点，因此在
口译交际中，译员展示的不仅仅是语言知识和技能，而且还有其自
身，这个自身不是完全透明的，而是半透明但不透光的，能够用其独
自的理解和观点过滤掉或阻碍一些交际内容。因此有译员参与的互动
完全不同于独白式会议口译，交际过程或结果也会因译员表现或角色
的不同而差异。

　　更多的学者专家认为译员可充当多种角色，如文化掮客、文化中
介、提倡者或支持者，认为传统的对立二分法，如"隐形"对"显

身"、"机器"对"人类"、"中立"对"参与"，不足以体现社区口译译员工作的复杂性。如内斯卡（Niska，2000：138）认为上述传统意义上社区译员的两种角色都各有其合理之处以及大量坚定的支持者，与其争论孰是孰非不如从更加实际的角度把口译作为多种途径的互动，译员的角色取决于不同的场合，如图 4 - 1 的金字塔图形所示。

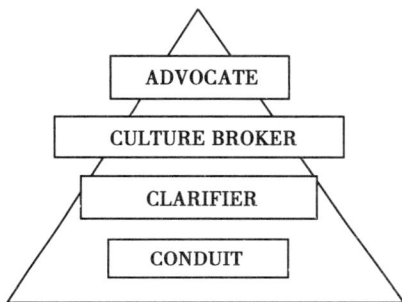

图 4 - 1　内斯卡译员角色金字塔

大多数场合下，译员的角色是"管道"，只需口译即可；在一些场合下译员需要做的更多，如遇到技术术语或文化术语，译员通常要加以解释以便听众能更好地理解，此时译员即为"解释者"（clarifi-er）；而"文化掮客"和"提倡者"或"支持者"的角色则更具有争议性。实际工作中的译员有时不得不中断对话，解释一些特殊的文化事宜，避免导致双方的误解；"提倡"或"支持"意味着译员站在使用方（user）或客户（client）的一边，为其争取利益，如在医疗口译中译员发现院方存在官僚主义或种族歧视，病患的需求未得到满足，此时他/她就可能转向客户支持者的角色。

瓦登斯约认为如果将口译看成是一种互动活动，那么有译员参与的对话就有其特定的交流原则，译员的角色也应是两种主要功能的集合体，一种是翻译，另一种是协调对话（Wadensjö，1997：35—52）。与瓦登斯约持相似观点的博尔顿（Bolden，2000：387—419）也建议从两种角度来区分社区口译译员的角色：一是"直译互动场合"（di-rectly interpreted interaction），此时的译员选择充当"翻译机器"角色，轮流译出两个讲话人的每句话语，力求准确传达讲话人的意图，将话语的决策权交给双方讲话人。作为机器并不是隐身，而是更好地参与到互动中获得最准确的交流信息；二是"媒介互动场合"（mediated interaction），译员不是直接译出讲话人的每句话语，而是周旋于讲话人之间，决定哪些该译，哪些该省略掉，充当着"守门员"（gatekeeper）的角色。如在医患对话中，省略掉患者的一些无关紧要的话语以节省医生宝贵的时间，同时添加给患者一些必要的、但是被医生省略的诊断或治疗信息。安吉莱丽认为译员的"显身性"（invisibility）因场合不同，是一个延续体，其中会议口译中最为隐身，其次是法庭口译，医疗口译中最显身。最显身译员会忽略一切伦理约束，而最隐身的译员则遵循所有伦理约束，如公正、准确等。她调查分析了加利福尼亚医院的许多译员的数据，对"显身性"进行了定义：显身性不仅仅是参与到对话中的语言构建，而且更重要的是消除文化和语言障碍，交流琐碎细节和主要信息，建立互相之间的信任，加强彼此间的尊敬，减缓对话中的压力，通过支持一方或建立联盟关系来保持对话关系的平衡（Angelelli，2004：11）。安吉莱丽的"显身性"定义显然综合了"媒介互动场合"和"直译互动场合"下译员角色的特点。

梅耶等（Meyer et al.，2003：78）从语言学、口译研究和健康科学等角度对一段真实的医院治疗前通报（briefing）进行了分析，发现译员竭尽所能做好口译，但是缺少医生所希望的交际技巧；而医生做到了语言的沟通，但是却忽略了文化的交流。结果是导致医患之间的交流出现了障碍。因此梅耶等认为，译员不仅仅应承担翻译的角色，还应承担文化掮客、文化中介和支持人的角色。在少有研究的精神理疗口译（Mental Healthcare Interpreting or Psychotherapeutic Interpreting）领域，译员还承担着合作方或者伙伴的角色，一方面提供语言和文化服务，另一方面起着交际和互动作用。波特（Hanneke Bot）的调查研究发现，在精神理疗口译中，译员的加入使二人治疗成为三人治疗，译员也被患者接纳，享有同理疗师同样的角色，因此传统意义上的中立角色不适合精神理疗（Bot，2003：25）。

加利福尼亚医疗译员协会（CHIA）在大量实证研究的基础上，

制定了医疗译员标准，其中认可译员在医患口译互动中的多角色性。标准中共探讨了四种角色，分别为信息转换者（message converter）、信息辨别者（message clarifier）、文化解释者（cultural clarifier）和病患支持者（patient advocate）。作为信息转换者，译员只是帮助双方展开对话。信息辨别者则包括从一方获得更多的信息以便更加清楚地作出解释，使交流更容易、顺畅。文化解释者要"清楚地"提供和确定文化信息，尤其是不同文化中关于健康的理念。CHIA对"清楚"（transparent）一词明确给出了定义：清楚即译员要使讲话双方完全了解正在发生的事情，谁在说话以及译员在做什么。当译员加入自己的想法而不是翻译讲话双方的话语时，译员应告知讲话双方这是自己的观点。第四种角色为病患支持者，即从患者的健康角度考虑，支持其利益或给予其一定的帮助①。理论上译员不能也不应当为讲话双方所为或所不为的结果承担责任，但是如果发现了问题的存在，就应该告知有关方予以关注或解决，而不是置之不理，任由其酿成大患（Kontrimas，2000：1—4）。译员想充当支持者的角色，就要考虑到其中隐藏的风险、争议和冒犯等因素，因此CHIA将其列为一项选择性角色，译员可根据自身的职业经验、判断和自信来衡量潜在的收益和风险。这种涉及职业伦理决策的过程实际上是一个学习的过程，只有当译员达到了"无意识的胜任状态"（unconscious competence）才能够正确适当地选择自身的角色（Angelelli，2007：172—174）。

　　也有许多学者不赞同社区口译译员的多角色性，认为译员的多角色无法保证口译的客观公正性（Roberts，1997：20—21），过多倾向于一方，会使译员扮演"主宰"角色，传达的是自己的意思而不是讲话人的意图，因此译员最好保持中立（Cambridge，1999：201—219）。尤其是在法律口译中，译员出现使原本较为平衡的两方对立关

---

① 转引自 California standards for healthcare interpreters: Ethical principles, protocols and guidance on roles and intervention. Santa Barbara, California: California Healthcare Interpreters Association (CHIA) and California Endowment, 2002, pp. 42 – 45. (Available online: http://www.calendow.org)。

系变得更为复杂：在法律环境的压力下，嫌疑人、被拘留人等弱势方会误解译员的角色把他/她们当成依靠或目击证人，寻求帮助，弥补权力的失衡。这可能会影响证据的获取和犯罪行为的坦白，同时也会导致警察、法官等对译员的不信任。另一种情况是警察或法官等希望译员站在他们一边，成为调查过程中的助手，这使弱势方不相信译员，不愿意与其交流。通过分析警局场合下口译互动的多变性，罗素认为译员的在场使"对立的两方关系转变成为对立、合作和交互结盟的三方关系混合体"（Russell，2004：116）。因此，罗素认为译员应保持中立，不与任何一方"结盟"。

贾布尔（Nathan Garber）认为社区口译中权力的不平衡是导致众多译员充当支持者角色的主要原因，但其研究发现目前在加拿大安大略省越来越多的社区口译员开始摒弃这种观点，他们逐渐意识到公正中立在社区口译中的重要性，认为弱势方只有通过更直接的交流，更好地被理解才能获得信心，增加权力上的平衡。因此贾布尔称译员对客户最好的支持就是直译互动，把对话语的理解、判断和选择交给讲话人，让他/她们更加主动、直接地交流（Garber，2000：9—20）。简太尔也提倡直接互动口译，认为社区口译员的文化知识和语境知识只能用来更准确地翻译，而不是作为文化掮客来帮助不会讲英语的一方（Gentile et al.，1996：60—61）。当一方要求译员向另一方解释时，如身体语言、文化习俗等，译员应该果断且有礼貌地拒绝，并告知对方译员的职责只是"口译"而不是"解释"。当译员觉察到由于一方使用了专业术语而导致另一方的不理解或误解，应提请讲话人予以注意或解决问题。译员要意识到自己只是语言专家，而不是医疗、法律、教育、社会福利或者政治专家。译员可以提供一些文化信息，但是使用这些文化信息并作出决定和判断的权力在于讲话双方。简太尔还强调译员也不是过滤器或审查员（censor），如一方的言语中有攻击或侮辱的成分，译员也应该如实传译，听者有权做出适当的选择或相应的回击，口译交流有可能中断，但是责任在于双方讲话人而不是译员（Ibid，48—49）。黑尔对多国的社区口译伦理规范进行了详细的对比和分析，发现大部分伦理规范都认同译员作为交流媒介的角色，而不支持译员充当"守门员"、"参谋"、"支持者"等角色。其中澳大利亚的"难民审查法庭"对译员的角色做出了明确详细的规定，尤其指出译员不能提供文化解释服务，此类工作应由法庭成员来澄清解释（Hale，2007：126）。

二　译员角色期待

在上一节我们探讨了各种文献中专家学者对社区译员角色的描述以及伦理规范中对译员角色的规定，或者说是他们对译员理想角色的期待。本节主要通过分析医疗、法庭等口译场合下的调查报告，来探讨真实口译场合下使用方和译员自身对译员角色的期待。

1998年，欧盟开展了一个"欧洲社区口译调查"项目，对13个国家的42个口译服务机构进行了调查，其中有18家机构表明译员只可以翻译讲话人原话，9家机构认为译员可以充当"文化掮客"（Niska，2002：133—144）。2000年波赫哈克对奥地利维也纳的629名医疗人员和社会服务人员就译员的素质和角色定义进行了问卷调查，其中在使用方期待方面，有2/3的调查者认为译员的任务包括编辑作用，即简化使用方的语言和解释，概括客户的讲话；62%的调查者希望译员解释文化含义。不同职业群体对译员的期待不同，如护士对译员角色要求比医生更宽松，而社会工作者则更加接受译员进行文化解释的角色（Pöchhacker，2000：113—119）。同一年，卡迪克对维也纳200名当地的法官就译员素质和角色，调查发现法官们没有像一些研究中描述的那么严格对待译员角色，相反十分包容，接受译员的一些做法，如概括原语（46%的调查者）、简化法官的话语（63%）、解释法律术语（72%）、代替法官提出一些常规问题或者警告讲话人（72%），有85%的调查者希望译员替代法庭解释文化差异（Kadric，2000）。

富勒对英国地方法院的法官和译员进行了调查采访，发现地方法官们都希望译员尽量安静、不张扬、少介入以及尽量避免引人注目（Fowler，1997：191—200）。但是美国塞雷格森（1990：55）的研究发现，法庭译员要不引起他人的注意十分困难，原因有三点：第一，译员首先必须宣誓；第二，一些法庭工作人员会经常直接问译员，如"问她叫什么名字"、"问她是否理解了等"；第三，交流中断的时候，法官往往会直接询问译员原因。芬坦的研究发现，法庭中的律师则希望译员充当"机器"或"传话筒"的角色。他认为，在对立的法庭环境中，成功的关键在于对话语的控制，而这种控制往往掌握在原被告双方律师手中。当律师通过译员与原被告交流时，部分话语控制权转到了译员手中，译员被认为是法庭权力的承载者，对法庭中的平衡的权力结构形成了挑战。尤其是当律师提问的时候，其希望通过"提问"来掌握主动，确立权威，但是这些"提问"中隐含的语用策略和效果，却往往被译员在译语转换过程中忽略，或者放弃，达不到预期的效果。因此，律师希望削弱译员的权力，使之角色隐身为"机器"或"传话筒"（Fenton，1997：30—31）。黑尔对悉尼的律师、医生的调查也证实了这一点，在问及所期待的译员角色时，有87.71%的律师和60%的医生选择了"译员应准确传译，将澄清或解释的责任留给客户或患者"。如果译员公开充当"中间人"或"守门人"的角色，编辑双方话语，失去了中立性，被调查的医生和律师都表示不再相信这样的译员（Hake，2007：146—152）。可见医生和律师十分重视译员的准确性和中立性。

柴舍尔等于1998年设计了包括社口标准、译员素质、培训、工资待遇、角色、口译方式、场合等37个问题的问卷，收回了来自7个国家92名社区口译译员的有效问卷，其中有84%的译员认为应在译前向客户解释译员的角色，即译员只是交流的媒介，应保持中立，翻译所有话语，不提供建议或解决问题；在问及如果客户要求提供建议时如何应对，64%的译员选择了拒绝并重申或明确告知自己的角色；在客户寻求支持时，53%的译员选择了拒绝并提示客户自己的角色，21%拒绝但不解释，23%拒绝后将其寻求支持的请求告知相关方（Chesher et al.，2003：286）。奥特加等学者在2002—2006年间对西班牙115名法庭、警局和医疗、社会服务译员进行了问卷调查和访谈，了解译员在不同社会场合下对自己角色的定位和看法，结果发现大部分的译员角色期待都超出了译员伦理所规定的范围，法庭、警局译员的角色期待相对较窄，受限较多，整个口译场合相对正式，且由法庭或警局人员所掌控；而医疗和公众服务译员的角色期待则相对比较宽泛，甚至有的译员都没有角色的概念（Ortega，2009：162—163）。

加拿大梅莎对持 11 种不同语言的 66 名医疗患者、来自 30 个不同医疗机构的 288 名医护人员以及部分译员进行了问卷调查，结果与柴舍尔的调查大不相同。她发现同医护人员的期待不同，更多的译员认为提供文化解释应该是译员的责任（83% vs. 59%）。安吉莱丽对 64 名参加第四十届美国翻译协会大会的译员进行了调查，他们的期待也不同于柴舍尔的调查结果。大多数译员认为自己或多或少应充当一定的角色，尤其是在建立信任、互相尊敬、交流信息和意图、解释文化差异、控制交际话轮以及建立互动联盟等。医疗译员比法庭译员和会议译员更希望显身（Angelelli，2003：26）。她随后又从人种学的角度审视了医疗译员的角色，发现大部分译员认为自己的角色要超出口译的范围，一些人认为要确保交流进行就要添加或省略原语信息，一些人则认为自己是过滤器，要滤掉那些无用或冒犯的话语。而对其他参与方，病人和医生的期待，则是失望和灰心，认为患者要么不理解医生的意图，要么提供不出有用的信息。而医生却经常不提供给病人足够的信息（Ibid，2004：105—128）。

三　现实中的角色：矛盾与折中

社区口译专家学者、口译使用方以及译员自身对社区口译员角色的描述和期待各不尽相同，甚至相互矛盾。那么真实社区口译环境中的译员究竟扮演了怎样的角色？口译参与各方对译员角色又有什么看法？

英国的富勒旁听了多个地方法院的庭审，发现受法庭严肃气氛和法庭自身文化的影响，译员很少干预或中断法庭审判过程，而经常是法官不得不干扰中断口译进程，尤其是怀疑译文不够准确或者怀疑被告没有收到完整意义的时候（Fowler，1997：191—200）。虽然表面上大部分的译员不会在行为上明显干扰或中断庭审，但是他/她们却可以通过话语来显身并施加权力和控制。在 1982—1983 年 7 个月的时间内，美国的塞雷格森平均每天旁听 9 个法庭审判，共收集了 18 名译员长达 114 小时的口译录音。她发现译员远非如法庭所期盼的那样谦逊隐身。从宣誓之时起，译员的在场就吸引了各参与方的注意。同时法庭的各方也未如自己所期待那样让译员保持中立或隐身，而是不断将注意力转向译员，如法官和律师经常直接询问译员而不是证人等，最典型的如"问下证人……"有时，法官和律师将自身的责任转交给译员，让译员直接询问证人，甚至解决一些他们不能解决的问题；译员也通过不在意的改变律师问话的力度和意图，来影响律师所施加的权利和控制，甚至告诉律师如何提问，批评证人没有直接回答问题等。很多译员并未意识到自己话语的作用，以及自己角色的作用，凭着主观武断做决定，而不是遵循职业守则（Berk-Seligson，1990：42）。

马来西亚的阿布拉黑姆的调查发现，在马来西亚许多法庭允许译员作为被告的支持者或帮助人，因为被告往往都是不懂官方语言的弱势群体，不懂法律程序和术语，只能依靠译员的帮助。这些帮助包括辅导被告，告诉其如何法庭用语和表达选词；直接指示被告如何去做；提供语言的解释而不是表面的直译（Ibrahim，2007：205—213）。

西班牙的葛塞思对马德里医院的 100 名医疗口译使用方进行调查，有 3/4 的被调查者抱怨译员缺乏职业化，如经常同病人讲话而不口译、提供总结式译文、译入语不流利、缺少对医学术语和不同语域风格的认识等，大部分译员实际上充当的是调解者或中间人的角色（Valero-Garcés，2003：183）。戴维森的研究也证实了这一点，他发现大多数医疗译员充当了调解者或者说守门员的角色，往往不全部翻译双方讲话人的话语，而是根据与对话是否相关而取舍信息。如果他们认为医生的话语信息不全，便会擅自增加信息；有时会直接回答患者的问题，而不是翻译给医生由其回答。另外，译员习惯使用第三人称而不是第一人称，如"医生说……""她说……"等，这种做法导致两个并行对话的出现，医生和患者之间的交流被切断。当问及原因的时候，译员们解释说是为了方便交流，节省医生的时间或者为患者提供更多的信息等。但是，实际上这种口译角色的更改并没有方便交流，反而阻断了医患之间的交流，因为无法得知彼此的想法，医患双方都不能作出正确的判断，只能片面听信译员的传译。这也是为什么医生们总是抱怨诊断中译员所带来的麻烦（Davidson，2000：384）。患者对译员充当"中间人"或"显身"的角色也不满意，如桑切斯对美国 27 个西班牙语家庭进行了调查，这些家庭都有残疾儿童，需要经常进行医疗。调查发现，大多数家庭都对医疗译员不满意或灰心丧气，原因是"译员不翻译你所说的每句话"，"译员总是概括，总是和医生私自谈话，不传译给病人等"（cf. Hale，2007：50—51）。

社区口译员的实际角色同自己的期待乃至公众的期待大不相同，究其原因，奥特加认为两点：一是译员自身的素质能力以及受培训程度不同，很多的社区口译员为志愿者或非职业译员；二是社区口译场景的多样性，每个场景取决于口译程序和语言的正式程度以及译员对整个局面控制的理解等（Ortega，2009：163）。目前，角色和角色矛盾仍是社区口译中争论的焦点，对于译员是否能够，或者在何种场合下、多大程度上能够通过"非逐字"口译来协调交流，仍没有达成共识，也无定论。即便是有一个统一的行为规范准则，但在实际场合中译员对其角色仍然会困惑不知所然（Mikkelson，2000）。因此，波特认为应该根据不同的职业场合以及不同的服务对象来细分译员的角色（Bot，2003：35），布莱诺特等人则认为译员如果要跳出伦理约定的角色界限（尽管这个约定矛盾重重），坏处多于好处，没有经验的译员就可能陷入变成"参谋"或者"支持者"的圈套。但是界限并不总是黑白分明的，有时候译员待在"灰色地带"（grey areas）也可以保证良好的口译质量，虽然这种做法一直存在争议（Blignault et al，2009：221—234）。

瓦登斯约则采取了折中的选择，她认为角色是一个固定的、事先已约定好且在互动过程中不再更改的概念。因此不如尝试区分"活动角色"（activity role）和"参与身份"（participation status）或"立场"（footing）。活动角色是为保证完成某项特殊社会职业活动而事先定好的姿态（stance），而"立场"则是由参与方选择的，是临时的、不断演变的。可以从参与方不断变化的话语中甚至一句话的起伏变化中觉察其立场。戈夫曼、梅森等也赞同这种观点，但梅森建议用"定位"（positioning）来代替"立场"一词。"定位"一词最早是由戴维斯和哈瑞提出的，他们认为"角色"是相对静止的概念，意味着参与方从某种程度上被局限在事先制定好的行为模式中。而"定位"则是谈话的一个动态特点，不断变化并受各参与方的交流协商（negotiation）限制。随着对话的进行，各参与方不断定位自己，同时也被其他人所定位（Davies and Harre，1990）。梅森试图将大家的关注点从传统上相对静止的译员"角色"概念，引到更加宽泛的"定位"概念上。他认为"立场"可以是讲话人的选择，就像对话中的代码转换（code-switching），而"定位"则是一个互动性质的概念，它随着交流的发展而演化，是所有参与方共同交流协商的结果，可以随时被接受或因拒绝而替换（Manson，2009：52—73）。

第三节　社区口译质量

关于口译质量的研究始于 20 世纪 80 年代。口译质量是一个相对的和多维度的概念，它基本包括译员表现和目的语质量的方方面面。不同的口译场合和主题有不同的口译质量评价标准，不同背景的用户对口译要求也是各异的。莫瑟曾分析了 94 名译员在 84 次不同会议上采访的 201 名用户的结果，指出被访者第一个最重要的要求就是忠实，其次是内容、同步性、语言使用技巧和声音质量（Moser，1996：145—148）。库尔兹使用了一个公式来描述"感觉的口译质量"和"期待的口译质量"的关系，这个公式为"质量＝实际的服务质量－期待的服务质量"（Kurz，2002：312—325）。也有人指出用户对于服务的期待往往是不现实，所以不应追求口译服务的理想质量，而要考察现实状况下的口译质量。同样，社区口译质量也是一个非常复杂的研究课题，需要用多种方法从多个角度来研究。

　　会议口译的质量往往取决于译语的质量，如布勒（Buhler，1986）对 47 名 AIIC 成员进行了口译质量标准问卷调查，结果发现大部分成员认为好的会议口译应具有母语腔调、声音愉悦、表达流畅、逻辑关联、意思连贯、内容完整、语法正确、术语准确、风格恰当的特点。这些特点都是涉及译语的表达。而以交际为主的社区口译则更多地关注译员的能力和素质，口译的质量则是多方面因素的综合体现，如原语和译语的对应、交际效果、译员角色和表现等。

　　社区口译学者们在描述理想的口译质量时，往往会考察原语和译语的对应（source-target correspondence/equivalence），通常也会用到忠实、准确和完整这样的标准，这些标准也是最为广泛认同的。但是这些标准的内涵或者究竟体现哪些方面，仍然存在一定的争论。有的学者认为是原语和译语完全的对等，如早期的学者认为译员应该"如扩音器一样忠实"（Glémet，1958：106），不能遗漏或增加任何意思，必须准确传达讲话人的所有信息，包括讲话人攻击性或侮辱性语言（Gentile et al.，1996：49）。这种强调完全的"语言对等"的标准目前遭到了大多数学者的摒弃，因为如果译语语篇要被接受，至少需要某种程度上偏离"语言对等"，而且还需要过滤或添加一些成分来提高语篇的交际程度，这也未必会影响忠实性（Gile，1992：188）。有时候必要的省略和增添可以保证准确度（Hale，1997a：211）。作为一名医疗译员，罗森博格曾记录了自己 11 次口译过程，并将 1334 句译文分成了 5 类：准确翻译、扩展翻译、缩减翻译、未翻译和非原语翻译（译员自己的话语）。结果发现 40.8% 的译文为准确翻译，而剩余的为 59.2%，其中又有 26.9% 为未翻译，19.5% 为非原语翻译，9.2% 为扩展翻译，3.6% 为缩减翻译。结果表明在面对面的对话口译中，译员 50% 的译语为非准确翻译，而是对原语进行了增加、省略、不译或自我评论（Rosenberg，2002：222—226）。黑尔对悉尼的律师和医生进行了问卷调查，有 75% 的被调查者认为不存在绝对的准确，"准确性"是相对的，必须要考虑到整个话语以及讲话人的意图和想要达到的效果（Hale，2007：146）。

　　有些学者认为原语和译语的对应是信息的对等，如赫伯特的宗旨

"口译要完整并忠实地传达原语发言人的意思"（Herbert，1952：4）。还有人认为应该是语义的对等和精确，如麦金塔什（Mackintosh，1983）用实验的方法来收集数据，将目标语与源语进行比较，对目标语中的添加、省略和其他的错误进行统计和分类，通过这些数据来客观描述目标语和原语是否对应，目标语是否精确和忠实。但这种研究因为没有考虑到文化和语境因素而为人诟病。于是又有学者从语用的角度来描述口译的忠实和精确，他们将语域、礼貌程度和模糊等纳入了考虑的范围内。如哈里斯（Harris，1990：118）把译员比喻成为"诚实的发言人"（honest spokesperson），应尽可能地重新表达讲话人的意思及其表达方法，没有明显的省略。黑尔也认为重现讲话人的风格要比单纯的内容翻译困难，比如保留讲话人犹豫或有力的语气、正式或随意的语域、听似简单但意义重大的话语标记等都属于准确性的范畴，但是只有高水平的译员才能达到这种层次的准确性（Hale，2007：60）。

澳大利亚麦考瑞大学的李洁韵（Jieun Lee）也认同口译质量的关键在于原语和译语之间的一致性，但是其他方面，如理解性、清晰度、风格、目标语语法、公共技巧、人际间技巧、伦理和职业行为等也是重要的质量衡量因素。每个质量因素的重要性也因场合、语境以及评判人不同而不同。她从三个方面（权重不同）评判口译质量：准确性（40%）、译语质量（40%）和表达（20%）。准确性是指译员在准确理解原语的基础上重新表达讲话人的意思和意图，对译语听众的效果要和对原语听众的效果一样，因此除了原语和译语语言的一致性外，还要达到文化以及交流效果的一致。语言的省略、添加或调整可以作为衡量准确性的标准，但关键要看是否保证了信息传达的连贯性和忠实性。译语质量主要指语言正确、自然且符合语境，换句话说，能被听众所理解。译语质量细分的话包括语法、词法、语音、语句、语域和风格等。准确性和译语质量标准都是针对口译内容的，与原语相关，而表达则是针对内容的传递过程，与原语无关。主要是指讲话的技巧或者说交际互动的技巧，可以通过声音大小和质量、是否流利、是否有长时间停顿、语速过慢或过快、过多的口头语或插入语、语调单调等来加以评判。此外眼神的交流和译员的姿态也是重要的衡量标准（Lee，2009：172—176）。

波赫哈克（2002：96）认为大多数研究在评判口译质量标准时都是一致的，只不过有时候使用的概念或术语不同，如"accuracy，clarity or fidelity"本质上都是相同的。他在分析和总结他人研究的基础上，归纳出了四项质量标准，适用于口译整个行业，包括会议口译和社区口译。第一个标准是"准确而忠实的原语重现"（exact and faithful reproduction of the original discourse），这个标准主要是从译员产出的角度关注译语或者目标语篇；第二个标准是"清楚"（clarity），也可以理解为"语言语体得当"（linguistic acceptability and stylistic correctness）。就是说以听众为中心，关注目标语篇的可理解度。这两个标准都与语篇分析有关，不过第一个标准强调语篇之间的分析（intertextual analysis），即原语和译语之间的对应，第二个关注语篇内的分析（intratextual analysis），即目标语篇自身的可理解性；第三个标准为"充分呈现"（represent fully），即充分表达出讲话人的兴趣和目的，也可以用哈里斯的"忠实的发言人"（honest spokesperson）和拉斐尔的"等值效应"（equivalent effect）来理解这一标准；第四个标准叫作"成功交际"（successful communication），这项标准关注的既不是原语也不是听者的理解或讲话人的意图，而是整个的交际过程，更加突出了口译的互动性而不是话语加工性，因此，口译质量的好坏意味着互动的各方能否在特定的语境下实现成功的交际。根据维埃奇的口译二元性理论（duality of interpreting），口译即是一项语篇产出活动（text-production activity）又是一项交际服务（Viezzi，1996：40），因此口译的质量标准既要涵盖词汇语篇层面又要考虑社会语用性，如图4-2所示，从译语表达的准确性、语篇的加工到语篇产出的效果以及交际互动的成功。

第四节　社区口译中的话语

在探讨话语之前，我们需要了解一下话语（discourse）和语篇（text）概念之间的异同。在过去几十年语篇语言学和话语分析理论成

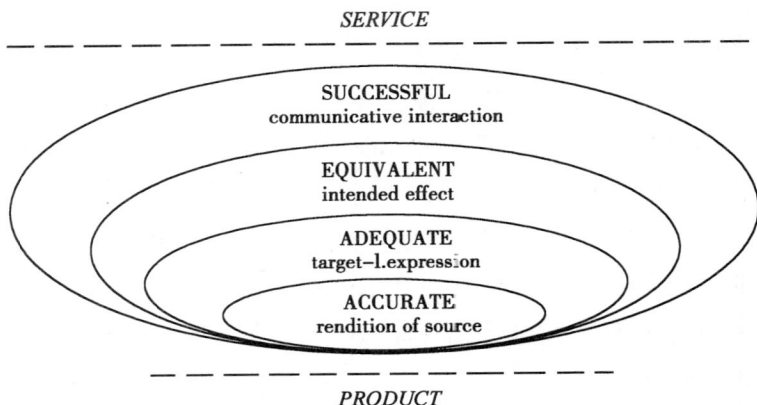

图 4 - 2 口译产出和服务质量标准

形阶段，两者在概念上是基本相通的，但话语较语篇而言是一个更为综合且难以界定的术语，主要指社会交往中语言使用，而语篇则更多地强调语言的形式和语义结构，侧重书面语（*cf.* Pöchhacker，2004：137）。一般来说，语篇是语言的实际运用形式，而在具体场合下，语篇则是根据一定语言衔接和语义连贯规则而组成的系统，有待于读者或听者解读。语篇往往是静态的，具有独白性（monologic）、单向性的特点，更适合描述单向的会议口译，如发言人产出语篇，然后被听众接受。话语则突出口头性、互动性和对话性（dialogic）的特点，更适合描述动态的、讲话人和接受者面对面的互动交流，尤其是社区口译中常见的对话口译形式。"话语"这一概念目前被广泛地应用于诸多领域，从社会交际过程到口语或手语对话互动中"言谈"（talk）的实证分析（Roy，2000）。由于话语分析更深入地把研究的焦点放在社会交际中的情景互动上，它为社区口译和对话口译的研究奠定了重要的基础（*cf.* Pöchhacker，2007：49—50）。话语分析的角度可分为四种，交际人类学和互动社会语言学的话语分析、微观语言学的话语分析、谈话分析和批判话语分析（Hale，2007：205），我们已经在第三章中进行了详细的探讨，不再详述。

　　1990 年，塞雷格森的代表作《双语法庭》的出版，引发了社区话语研究的兴起，这是第一部从社会语言学角度研究法庭译员话语的专著。她的研究发现译员在法庭话语进程中变成了积极的参与方，是强行介入的，而不是像法官或律师所希望的那样隐身或低调。译员的话语远远超出了口译的范围，他/她们在不理解或不明白法庭程序和讲话人话语时，会随时终止法庭进程，而要求讲话人澄清、重复。证人、原被告以及法庭的其他参与人都会越过律师和法官直接与译员交流或评论。译员有时甚至控制证词的过程，如通过"你明白了吗?"、"回答!"、"请回答!"等话语来敦促或提示证人或被告，或直接告诉他/她们保持沉默等。1994 年加拿大的巴斯基（Barsky，1994）出版了《构建多产的他方》（*Constructing a Productive Other*）一书，开辟了批判话语分析研究的有趣途径。他对申请难民身份的申请人进行了广泛调查，突出描述了口译发生时的机构环境、礼貌用语使用、保护或威胁面子的策略等。1998 年瓦登斯约的专著《口译即交际》探讨了在医疗、法律和社会服务口译中，译员和讲话人三方之间互动的交际过程，认为口译即是一种话语现象，也是一种社会现象，她的对话互动理论开创了口译研究的新领域。1999 年，美国学者梅兹杰的《手语翻译：解构中立的神话》一书通过对比医疗口译中真实的手语翻译和模拟手语翻译，证明译员在医患交流中总是主动参与，直接或间接控制话语的进程。2000 年，美国学者罗伊的《作为话语过程的口译》一书出版，她聚焦手语翻译中话轮的转换，认为一切会话中都普遍存在的话轮转换同样存在于口译中，尤其是社区口译中三方交流的对话互动中。译员通过控制话轮，如创造话轮、打断话轮、终止话轮等，来协调整个交际过程的开展，从而实现讲话人的对话目的和期望。因此，合格的译员应该是一个话语分析专家，口译本身就是话语分析的过程。罗伊与瓦登斯约都采用话语分析的方法，将口译视为发生在一定社会和机构语境下、以译员为中介的三方参与的交际谈话过程，她们成为新兴口译研究范式——基于话的对话交际范式（DI para-digm）的代表。到后来 2004 年黑尔的《法庭口译中话语研究》（*The Discourse of Interpreting*），使社区口译中的话语研究达到了顶峰。

一　话语的语用效果

语用是指语言的理解和使用，它关注的是在特定情景中的特定话语，研究如何通过语境来理解和使用语言。我们知道在语言的使用中，说话人往往并不是单纯地要表达语言成分和符号单位的静态意义，而是包含了许多深层含义，听话人通常要通过一系列话语分析和心理推断，去理解说话人的字面意义和蕴含意义，理解其实际意图。虽然迄今为止，语言学界对语用学的定义和范畴尚没有统一的见解，但却有一种共识，即语境是语用学的核心概念之一，是一门专门研究语境在交际过程中的作用的新学科。人们的正常语言交流总离不开特定的语境，这里的语境包括交际的场合（时间、地点等），交际的性质（话题），交际的参与者（相互间的关系、对客观世界的认识和信念、过去的经验、当时的情绪等）以及上下文。语境直接影响着人们对话语的理解和使用。换言之，要判断某些具体的言语行为是否得体须依据其使用的语境，离开了语境就使判断本身失真或失去意义。话语是指在社会情境互动中语言的使用，整个交际活动是一个复杂的话语事件，而口译是这个交际活动的一部分。在面对面的社区口译交际活动中，译员的目标语一般是口头性的。社区口译场合的多样性、话题的复杂性和参与者身份地位差异性导致了两种语言下的不同语境，直接影响了译员对话语的理解、判断和转达。

口译中的准确，不仅是传译信息的主要意思，而且还要包括讲话人的意图。在不考虑语境的情况下有些译语可能意思、语法都相对准确，但是却没有捕捉到原语的意图、话语要点或者力度。目标语听众对译语的反应应该同原语听众的反应一样，译语要达到原语的效果。译语要达到翻译对等，尤其是语用对等。在任何特定的环境下，要取得讲话人意图和被理解的意图之间最大的等同性，译员首先并且永远都要能够辨明什么是相关的（对于讲话人而言，对于听者，或者双方而言），否则他/她只能在语用黑暗中摸索口译（Viaggio，2002：229）。口译不仅仅是两种语言之间的翻译转换，实际上译员是代表讲话人执行一些语言活动，如劝说、同意、撒谎或解释等（Wadensjö，

1998）。从某种意义上讲，语用的对等超过语义的对等，而翻译的过程实际上就是原语文本的语用重构（House，1977：28）。

在实际社区口译中，很多译员的主要问题是没有意识到两种语言之间的语用差异，认为只要译文准确就意味着忠实的传译，但实际上却不是。如一些译员甚至译员的培训者几乎没有意识到语言的语用因素，更不用说这些语言对证人席上证人的强制作用（Berk-Seligon，1990：53）。这些语用性通常包括讲话风格、语域、礼貌程度、隐喻修辞等。法庭中，译员会常常省略或误译律师的一些话语标记，如"well"、"now"、"you see"等，导致语用效果的损失。黑尔发现法庭中律师经常把话语标记作为争论和对抗的工具来表达挑衅、不满或异议，或控制话语的进程。而译员则倾向于把这些话语标记看成多余或无意义的口头语而不译。话语中语用成分的忽略会影响到听众对话语的反应程度，看似微不足道的细节可能会产生截然不同的效果（Hale，1999：57—81）。辛克莱尔和库尔撒德认为这些小的语用标记就像旅途中的标记牌，要想不迷路就不能忽视这些小标记牌。在医疗口译过程中，医生常用一个或两个词，如 Ok、right、well now、good、now 等来构建其话语方向（Sinclair & Coulthard，1975）。尽管这些话语标记有时可能是很轻的一个音节或一个声调，但它们可能会指示下一个话题或新的咨询阶段，对整个话语的连贯性至关重要。如果译员忽略了这些标记的翻译，就容易使患者迷失了方向，对他/她们来说是不公平的（Schiffrin，1988）。

法律场合下语用效果的理解和表达尤其重要，许多学者把审判或听证会比喻成为战斗，语言则是主要的武器。各方的律师都会策略性的使用语言，获得有利于自己的信息。因此，如何把这些对话的语用作用翻译表达出来，是对译员的巨大挑战。如译员必须能够理解原被告双方律师在询问时使用语言的策略，为了从心理上打动或说服陪审团和观众而特意使用的语调、选词、时态、句法、问句形式等。译员的任务不再是简单机械的意义转达，而是通过选择语言策略进行意图的交流（Hale，1997a：202）。法庭中证人的证词对一个案子的结果至关重要。尽管多数证人并没有意识到他/她们话语的效果，但多项调查表明证人话语的内容、表达方式、语域、态度等对法官和陪审团等决定者有着直接的影响，如对其诚信、智力、能力的相信或怀疑程度，这些印象又会直接影响到整个案件的成败（O'Barr，1982；Giles and Sasson，1983；Conley and O'Barr，1990；Gibbons et al.，1991；Moeketsi，1998；Berk-Seligson，2000；Hale，2004）。如塞雷格森的研究就发现译员在法庭上对原语的改变导致语用效果的变更，影响到了陪审团的判定。她还发现译员会在口译证词时，会加入一些"无力证词"（powerless testimony）的风格，使陪审团对证人产生了负面的印象（Berk-Seligson，1990）。提尔曼记录了5段真实的德国避难所口译对话（移民官员询问避难申请人），并对原语（德语）和译语（英语）中的语气词（modal particles）进行了分析。她发现移民官员提问的主要技巧之一就是使用语气词，意在拉近与避难申请人的距离和表现和善，促使其提供更多的申请信息。而译员却将移民官员细微表达亲近性和怀疑性的语气词省略掉，从而改变了原语的语用效果，降低了原语问题的力度和开放性。结果可能会对询问的目的产生严重的影响，比如获知申请人被迫害的原因或者申请的真正目的。提尔曼认为原因可能有三点：一是译员认为这些语气词多余，只要原语的主要意思表达出即可；二是译员能力所致，无法领会到语气词的语用效果；三是由于两种语言的差异，译员无法找到合适的语用对等的表达（Tillmann，2009：156—170）。

在医疗口译中，医生在诊断或术前会有一个通告或吹风会，告知患者医生的计划安排以及治疗方法等。由于涉及未来的事宜安排，医生往往使用情态动词"could，wish to，want to，would like to"等描述未来不确定的诊断或手术，目的是希望患者参与到决策的制定中来。而译员却倾向于使用类似于"will"等词，将未知的活动改成了必定发生的事情。也就是说简化了交流过程，从语言情态化直接到了去情态化，从而使病人处于被动的处境（Meyer，2002：163）。

如何才能合理地进行语用转换呢？首先教育培训是关键，只有最胜任的译员才会考虑传达原语的语用信息（Mason & Stewart，2001；Jacobsen，2002；Hale，2004），自上而下处理原语信息，把话语作为一个完整的语篇来理解，而不是把它看成词和句子的组合（Hale，2004：23）。只有当译员感到心里没底、信心不足时，他/她才会尽量使译语在句法和语义上同原语接近，但却没有达到语用效果（Gile，1998）。其次，译员的口译理论、知识和途径也很重要，主要有三点：一是译语知识，包括语法、词汇、语域和语用转换方面的全面知识；二是口译技巧，如掌握笔记技巧、口译种类及局面掌控，知道何时以何种方式打断谈话、控制话轮及安排座次，能够快速分解和重组信息，能够在压力状况下做出困难而复杂的选择，能够集中精力进行听译及利用长时记忆和短时记忆；三是理论支撑，清楚知道每种口译途径和方法背后的原因（Hale，2007：22）。

二 提问方式与技巧

在法庭、警局等"对立"环境中，口语是交流的媒介，案例成功的关键在于对口语的控制和权力，这也往往掌握在法官、律师、警察等手中。当他们通过译员询问原被告时，这种权力的平衡被打破，部分对话语的控制权转移到了译员手中。实际上当掌握了双语的译员出现时，他/她就垄断了交际的途径，夺走了上述讲话人的话语权力。因此，法官或律师等大多认同译员的角色应该是"机器"，百分之百传译原语，不做任何修改。在上述场合下，提问也是获得权力的途径（Lane，1985：196）。通常来说，提问的人才是权威和掌控局面的人。当问题通过译员转述给另一方，通常是弱势且不懂主流语言的一方，讲话人会担心其精心选择的语言策略会被译员忽略或削弱，其提问的权力也会丧失而转移到译员手中，结果可能导致无法达到其预期的交流目的。因此，对于介入这种对立语境中的译员，只有了解讲话人提问方式的重要性，才能在译语中传达出其语用效果，充分完成双方的沟通交流。同时，也要意识到提问方式对于讲话人角色和地位的重要性，尽量保持提问的语义和语用完整，不做任何更改或添加自身的意图，做到中立和公正。

在法庭中律师的各种问题均有隐含意义，有的是引导性问题，有的是非引导性问题，视不同的法庭审判阶段而定。律师往往是为了明确的目的而设计了这些问题，问题本身和随之的回答可能包含着谴责、挑衅、辩护、否认和反驳等。这些问题可能使用的是正常的疑问句法，也可能是陈述句法，对于原语听众来说能够轻易理解其中的语用效果并迅速做出反应。译员只有意识到这些问题的隐含意义，才能以语用对等的译语进行转达，否则很容易改变讲话人的意图，达不到其原本的目的（Atkinson and Drew，1979：76）。黑尔曾分析了律师、译员和证人之间的对话，包括提问、回答和二者的综合。她发现律师确实是有目的有技巧地把提问作为话语工具，但大多数译员对一些提问方式的特殊目的缺乏理解，比如说律师使用反义疑问句、话语标记、重复和情态词等提问策略，他们大都武断地在译语中改变或省略了这些提问的特点，进而改变了原语的语用力度和目的。这些变更和省略部分是可能是由于两种语言的差别，但更多的是由于译员的自身选择（Hale，2004）。

在医疗交流中医患提问方式也很大程度上关系到交流的成功与否。很多病人的陈述往往与真正病情不相关，医生的诊断也会依赖于有效的提问方式（Cambridge，1999），提问的方式可以提前决定病人的回答内容（Cordella，2004：32）。因此，译员要了解医生提问方式以及患者回答的重要性，才能更好地为医生提供详细的治疗信息。许多社区口译研究学者探讨了医患对话中的提问方式，试图寻求更为适合治疗目的提问方式和技巧，这些研究将结果和建议也值得译员了解。如斯科瑞尔反对医生使用诱导性的提问，认为这样的提问会使病人处于弱势地位，应多使用开放式问题（open questions），使病人加入到病情咨询、讨论和决策当中，这样往往能够获得更好的诊断结果（Cicourel，1999：183）。拜伦和龙也赞同"广开方式"（broad opening）技巧，认为应该让患者自由随意地交流直到医生发现真正与疾病有关的信息或提示，在咨询一开始就直接提问很难使患者给出完整的答案（Byrne and Long，1976：37）。伯格曼也建议医生尽量不用直接问题，而是使用简单的猜测或身体语言鼓励病人自愿发言。（cf. Hale，2007：38）。澳大利亚墨尔本蒙纳士大学的哈瑞斯分析了医疗询问中反义疑问句的使用，认为反义疑问句实际上属于诱导性提问，医生使用这种提问是有利于诱导病人提供所需要信息，同时概括他们的回答，表达认同和理解等。反义疑问句等诱导性问题的有效性取决于提问的时机掌握（Harres，1998）。

三　语域转换

语域（register）是语言使用的场合或领域的总称，是情景语境的具体表现。英国语言学家韩礼德（M. A. K. Halliday）认为语言变体可以按照使用的情况划分为语域。语言使用的领域的种类很多，例如：新闻广播、演说语言、广告语言、课堂用语、办公用语、家常谈话、与幼童谈话、与外国人谈话、口头自述等。在不同的领域使用的语言会有不同的语体。语域的三个社会变量：语场（field）、语旨（tenor）和语式（mode）。语场是指实际发生的事，或者说是语言发生的环境，包括谈话的题目；语旨是指交际参与者之间的关系，包括他们的社会地位和他们之间的角色关系；语式是指语言交际的渠道或媒介，比如说是口头或者是书面的，是即兴的还是有准备的[①]。韩礼德认为这三个变量可以另外表达为：发生了什么事、谁参与了这件事、语言起什么作用，这三个变量共同决定了意义选择的范围和表达内容的语言形式（Halliday，1985）。

语域与语言的使用者、语境和语言的正式程度有密切关系，按照词语或话语的正式程度，柯平（1991：30—31）把语域分为五级：刻板的（frozen）、正式的（formal）、商谈的（consultative）、随便的（causal）和亲昵的（intimate）。郭著章和李庆生（1997：269）则把语域分为三大类：随便语（包括俚语、口语、非正式语、熟悉语、地区方言等）、共同语和规范语（包括书面语、正式语、礼貌语等），在不同的语域中，语篇的选词、造句、修辞、结构都有自己某些突出或特定的标志。简太尔把译员所常见的语域分为四种：随便的（casual）、非正式的（informal）、标准的（standard）和特殊的（specialized）（Gentile et

---

① Available on lin at http：//baike. baidu. com/view/388519. htm？ fr = wordsearch（accessed 25 May 2012）．

al.，1996：47）。语言使用者或者说讲话人在学习和掌握了某种语言的语音、词汇、句法等基础知识后，根据不同的场合、不同情境中所讲的话语选择不同的语域，以便达到有效的语言交际目的。

在口译交际活动中，讲话人对语言风格或者语言社会层次的选择通常是由话题、听众和场合的正式程度所决定的，当然也与会议或交流活动的类型、讲话人受教育程度相关。译员应不能随意更改讲话人的语域，提高或降低其语言层次，尤其是更改讲话人比较职业的话语语域可能会改变甚至扭曲原语信息，造成不好的后果。许多有关口译语域的研究（Berk-Seligson，1989；Duenas Gonzalez et al.，1991；Hale，1997b；Brennan，1999）就发现法庭译员在译成英文（官方语言）时倾向于提高语域或者说语言的正式程度，以模仿律师的语言风格，而在译成其他语言（非官方语言）时又降低了语域，模仿原被告或证人的话语风格。没有给讲话双方评判各自语言层次和调整语域的机会，相反这些译员充当了过滤器的角色，使听众或讲话双方都错误地认为他们使用的是相同的语域，而实际情况只有译员自己才明白。最常见的一种语域更改就是添加礼貌用语，一些译员会加入一些礼貌话语标记来提高礼貌程度（Berk-Seligson，1988），还有译员会考虑两种语言的差别，进行必要的词汇和句法调整使译语更加规范准确（Hale，1997c），或者更改原语中一些有损面子的成分（face-threatening components），结果是丢失了原语的语用效果（Mason and Stewart，2001）。此外，译员在警察询问过程的口译中应尽量保留证人的语域，如果将其非正式的语域转换为正式语域就会影响对其社会和心理因素的正确评价（Krouglov，1999：285—302）。因此，笔者认为译员应尽量保持讲话人的语域，使译语对听者产生的效果大致与原语对听者产生的效果相当。

剑桥教授认为语域转换（register shift）是社区口译员要面临的最常见的三大挑战之一，另外两个挑战是粗俗语言的翻译（coarse language）和应对代位精神折磨（vicarious trauma）。社区口译员通常要为不熟悉或不懂官方语言的人群服务，他/她们大多属于受教育程度低的弱势或犯罪群体，或者有人在逃难或移民过程中经历过惨痛的身心经历，其语言多为方言、不正规或特殊语言等。为了顺利完成交流，译员必须要具有"多重自我"（alter ego），随时代位扮演讲话人的角色，熟练掌握语域转换，不断从公共服务提供者的标准正式语言转换到被服务者的不标准语言，如诅咒、粗俗谩骂等。这种语域转换对于女译员尤其是一种挑战，甚至是一种精神折磨，比如当她们为强奸犯罪嫌疑人或家庭暴力嫌疑人等进行法庭或警局口译时。因此，在社区口译培训教育中，不能忽视语域转换的重要性（Cambridge，2004：50）。

在实践中社区口译员应如何应对语域转换的挑战呢？在以独白式讲话为主的会议口译中，讲话人通常会根据会议语境调整自己的讲话语域，译员也不需要进行语域转换，只要保持同讲话人语域一致即可。在对话互动的社区口译中，一些侧重口译准确性的专家学者（Berk-Seligson，1990；Cambridge，2004；Hale，2004）认为译员也应像在会议口译中一样保持原语讲话人的语域，而是否根据听众或对方听者的情况调整语域则是讲话人的责任，与译员无关，这样可以节省译员的精力分配。同时还有一些研究发现很多译员倾向于使用适合听者的语域，而不是保持讲话人的语域，这种做法相对第一种方法比较自然，也是一种相对简单的选择（Berk-Seligson，1990；Hale，1997a）。

四　社区口译话语分析的重要性

社区口译活动发生在一定的社会文化场景中，语言中的每个成分都有其作用，只有充分发挥它们的作用才能达到理想的口译效果，因此，话语分析和研究对口译至关重要，尤其是在医疗口译和法庭口译中，译员只有理解了语言背后的含义，才能避免一些不必要的干扰，迅速做出正确决定。如在法庭质询中有不同的提问类型及作用、提问前的话语标记和话语策略等，证人证词有不同的呈现风格和语域，有的自信，有的懦弱，有的犹豫，有的直接等，理解这些话语风格及作用才能帮助译员作出快速正确的选择（Hale，2007：184）。"如果说法庭审判是一场使用语言武器的战斗，那么使用话语策略取得主动无疑十分重要。"（Maley & Fahey，1991：3）如果任何一方不能理解法庭中的语言，无疑就是没有武器的士兵，因此译员的责任重要而艰巨，武器的锋利与否直接取决于译员（Hale，1997a：201）。同样，成功的医疗救治也取决于译员和医患之间成功的交流，其中语言发挥着重要作用，比如医生如何提问题才能更好地让患者理解，如何倾听患者的陈述和回答，包括理解其字里行间的含义等。

由于口语能够进行转写和分析，因此话语分析也可以用来提高译员在工作中或者培训中的口译质量和表现，对社区口译教学培训课程设置和提高口译质量都有重要的意义。在一些较为传统社区口译教学中，大量的时间和精力花费词语、句子和手势层面的分析，往往主要信息和语言点翻译对了，但是讲话人表达的整体意义却被忽略了，包括整个讲话的一致性和讲话人的目的。语言的一致性是通过话语层面来表达，而不是语音或句法层面①。在社区口译学习过程中重要的是让学生理解如何使用语言、熟知话语过程和社会交际情景。译员的角色以及交际互动都融合在话语及其表达方式中，因此话语分析不仅有助于口译研究，而且也让教师和学生知道哪些是教和学的重点。黑尔曾进行了一次法庭话语实证测试，她挑选了一些有明显话语标记、反义疑问句、迟疑等话语特征的口译实例，打印出来让译员口译。尽管这些话语标记十分明显，仍有许多译员将其省略掉。只有训练有素的译员才会懂得话语的重要性，才会保留话语成分中的任何部分，因此她认为话语分析对提高口译话语质量至关重要（Hale，2004）。

澳大利亚蒙纳士大学的海伦塔伯指出口译学习不只限于双语的转换，译员仅仅会两种语言，掌握一些记忆技巧或转换技巧，做一些角色扮演的练习，已不能适应现在口译工作需求。一个好的职业译员必须能够理解和解释自己的工作，尤其是能够理解自己的话语功能。他/她应该能够通过话语分析来展示和解释话语的微妙、话语行为的风格、话轮的复杂、反馈的重要性等。理解和学习话语分析也能够开

---

　　① 转引自 E. Winston and Monikowski, C. Discourse Mapping：Developing Textual Coherence Skills [A]. In C. Roy et al. [eds.] *The Critical Link：Innovative Theory and Practice for Educating Interpreters* [C]. Papers presented at the Critical Link 2 Conference, Vancouver, Canada, 1998. Available on line at http：//www. criticallink. org/journalscl2/3. pdf. （accessed 10 July 2012）。

辟译员教育的新范式。她将大量医疗咨询录像转写成文本后，对医疗口译的话语进行了详尽的分析，其研究和发现为 60 小时的大学层次的对话口译课程提供了必要的内容和方法。她认为如果理解了话语的风格，译员就会在大脑中形成一个路线图（schema）或者一个框架和结构，知道整个的医疗咨询或谈话的发展路径，甚至具体到即将谈论的事情的顺序，知道自己处于哪个阶段，从而可以从容地分配自己的精力。为此，她描绘了一个医疗口译风格结构流程图（Tebble，2009：201—209）（见图 4 - 3）。

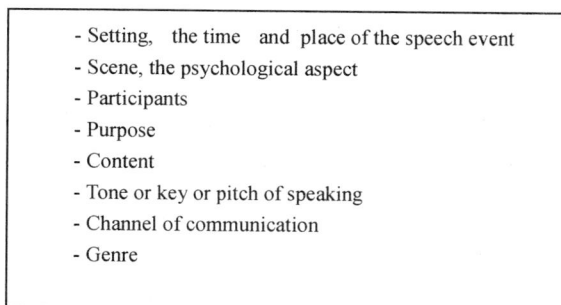

- Setting, the time and place of the speech event
- Scene, the psychological aspect
- Participants
- Purpose
- Content
- Tone or key or pitch of speaking
- Channel of communication
- Genre

图 4 - 3 医疗咨询口译风格图

塔伯建议在教育培训中还可以借鉴海姆斯的"讲话模型"（speaking model）来设计准备社区口译培训角色扮演的场景，"讲话模型"是杰克布森"交际模型"功能的扩展和优化，吸收了交际中的人种志学理论，具有人类学的特点，如图 4 - 4 （Ibid）。

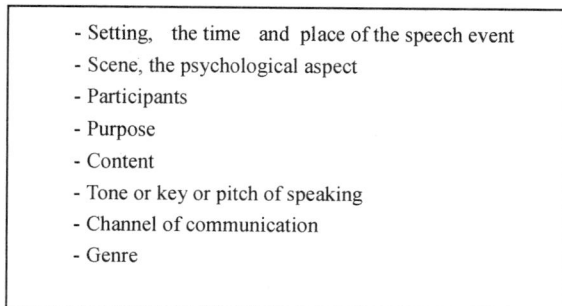

- Setting, the time and place of the speech event
- Scene, the psychological aspect
- Participants
- Purpose
- Content
- Tone or key or pitch of speaking
- Channel of communication
- Genre

图 4 - 4 海姆斯的讲话模型

第五节　社区口译中的策略

作为一种有目的的话语活动，口译从根本上来说是一种"策略性"过程。笔者认为，根据口译目的的不同，口译策略可以大致上分为两大类：第一类与输入信息有关，主要是为了应对口译过程中的原语信息的特点，如快语速、复杂结构、陌生口音、数字串等，这类策略可以被称为"口译过程策略"（process-oriented strategy），涵盖了目前大部分的口译策略研究，主要集中在会议口译上，尤其是会议同传上，通常关注如何处理原语和目标语结构差异这一经典问题。常见的策略有：应对句法结构的时间分配、重组和预测策略，应对传达内容的压缩和改变策略等。第二类与目标语听众有关，主要是达到与听众有效交际的目的，这类策略可以被称为"口译产品策略"（product-oriented strategy），主要集中在社区口译中使用，如话轮的安排、保护面子、精神压力的舒缓等。同第一类策略相比，口译产品策略的研究还比较少，本节所探讨的主要就是第二种策略。

一　应对精神折磨或压力

社区口译译员在很多时候要服务的是病危的患者、贫穷绝望的避难者、饱受摧残的受害者以及"邪恶的"犯罪嫌疑人，要以第一人称的语气来进行传译，因此，整个口译过程后仿佛亲历了讲话人的经历，这无疑会对译员的身心造成巨大的折磨和伤害。欧洲社区口译机构联合会（Babelea）曾对德国、荷兰、法国、意大利、英国和美国的社区口译译员所遭受的职业精神折磨进行了调查，发现最常见的遭受精神折磨的口译场合依次是：家庭分离、身体虐待、战争、家庭暴力、酷刑和迫害等（Baistow，2000）。Babelea 的调查还发现仅有10% 的译员接受过"压力调节"（stress management）培训，许多口译中介、行业机构以及公共服务机构都未明确承认这些精神折磨和压力的存在，也因此未提供职业前或职业中培训方案。该调查报告建议通过"文化迁移"（cultural shift）来使这种职业压力或影响"正常化"

（normalized），即提高社区口译译员、雇佣方以及公共服务机构对精神压力和折磨的认识以及认可，使有关的讨论公开并合法。同时，组织相关职业培训来加强译员的自我保护意识和职业意识，为真实的类似口译做好心理和实战准备。

一些专家和学者也十分关注译员的精神压力和折磨，并提供了应对策略。如维根认为使用第一人称容易使译员情感受到感染，遭受精神压力和折磨。她建议译员最好不要有感情投入，最好保持职业距离，这也是保证口译质量，避免由于过分激动或痛苦而出现口译错误的有效途径（Wiegand，2000：207—218）。译员也可以通过副语言形式（paralinguistic cues）或身体语言将自己的不满、愤恨或痛苦表现出来，以减轻心理压力或负疚感（Rudwin，2002：224）。译员也不能因为见多了这些痛苦的场面而强迫自己变得"麻木不仁"或"铁石心肠"，也不能和患者或者受害者一起哭泣，这都解决不了问题，反而会影响口译的质量。相反，应该学会像医生、法官等职业人士一样控制自己的感情，降低自己的"敏感度"（sensitiveness），学会从每次口译任务中汲取经验和应对方法（Corsellis，2008：77）。在口译任务结束后，译员还可以在保密的前提下要求译后反馈（debriefing）或找人倾诉（最好是同事、上级或理疗师等），寻求心理咨询和治疗等，把所遭受的压力或精神痛苦讲出来。同时译员还需要接受培训，减少类似口译场景对自己身心的影响（Cooke，2009：92）。

二　应对左右为难的伦理问题

什么是左右为难的伦理问题（ethical dilemmas）？当译员遵守一项或多项职业伦理的同时，可能会违背其他一些方面的伦理，使其处于两难的地步。比如在医疗口译中，病人有时会对译员说"不要把我告诉你的事情告诉医生"，也就是说患者要求译员保密。令译员两难的是，他/她不懂医学知识，无法判断这件事情对于治疗是否重要，是否应该告诉医生；另一方面，保守秘密会不会影响到患者的健康或整个治疗？如果将保密信息告诉了医生，译员与患者甚至其群体之间的信任是否会受到影响？不告诉的话，译员与医生之间的信任是否受到影响？再比如在美国和澳大利亚等国家的一些土著译员（官方语言—土著语言之间的传译），他/她们在遵守译员职业伦理时，会与当地土著的"习惯法"或"不成文法"（customary law）发生冲突，陷入左右为难的处境。"习惯法"或"不成文法"一般是指以习惯为基础而获得合法地位的任何法律，它以共同遵守的道德原则规范和约束特定社会的成员，保护个人、集体和社会的利益与安定。土著译员大都来自几千人甚至几百人的部落或种族，与其服务的客户存在着千丝万缕的亲情关系。译员的职业角色同亲情存在着难以解决的矛盾。他们在工作过程中接触到许多涉及种族的敏感或秘密信息，迫于家人或者种族长者的压力，很难保守住这些秘密，否则就无法在部落或种族中立身；但是如果泄密，又违反了译员职业伦理，无法保证口译的公平和公正。因此，这些译员也时刻处在两难的压力之下。

　　如果没有受过必要的职业伦理培训，译员在身处两难境地的时候很容易根据自己的经验或文化背景做出自认为正确的决定。从公共服务机构人员的角度或被服务者利益的角度考虑，这些本能的反应或决定是否正确？因此，在做出决定之前，重要的是要确定所依据伦理准则正确与否以及作为和不作为的后果。国际规范和认证标准（Standards & Certification Criteria，S&CC）制定了做出伦理决定之前的六个步骤：（1）多问自己几个问题确定是否真有困难存在；（2）清楚地确定困难所在和形式，考虑和衡量可依据的伦理原则；（3）明确与该困难相关的自己的价值观；（4）衡量各种作为的利弊与后果；（5）做出决定并执行；（6）评估结果，并考虑下次应该怎么做。这个过程可以为社区口译译员提供一定的参考。

　　"在身处危险或生命受到威胁时，如何做到遵守伦理而保密？"黑尔教授就这些问题在译员中进行了调查。很多译员都反映遇到过类似问题，如在进行治疗咨询前有病人告诉译员他想要自杀，但病人却没有告诉医生；或者有的犯罪嫌疑人威胁要杀死译员，除非他/她能保守秘密，不把犯罪嫌疑人的话告诉警察。大多数被调查的译员都认为生命是第一位的，不管是患者的生命还是译员的生命，而遵从职业伦理保守秘密则是次要的（Hale，2007：130）。因此，告诉医生并阻止患者自杀是唯一的做法；而在自身生命受到威胁时，暂时保密保证自身安全是译员的首选。

如何避免陷入伦理困境？虽然有许多解决方法，但黑尔教授认为最好的方法就是尽量避免和病患或者犯罪嫌疑人等独处或单独接触。口译职业伦理制约的是口译过程中的行为，而不是译前或译后译员的任何行为。口译过程中的信息必须保密，而离开口译场合，译员不再是译员，只是普通的公民，不再受口译职业伦理制约（Ibid）。澳大利亚的库克曾专门撰文阐述过当地土著译员的困境和相应的应对策略，他认为译员首先应详细地向土著客户解释职业译员的角色；其次要向当地土著群体或部落介绍译员的角色，最好能够使他们有机会观摩译员工作的过程，让他们认识到译员是不可以影响整个口译过程或结果的，也不能够私下泄露口译过程中的信息或秘密；多接受正式的职业培训，只有合格的受训译员才会遵守职业伦理，在处于两难出境时更可能做出正确的选择（Cooke，2009：90—92）。

三　处理话轮重叠的策略

话轮是人类会话中特有的话语机制，会话的基本特点就是讲话人轮流说话，可以说有会话存在就有话轮的存在。话轮的理论概念最早由赛克斯和谢格罗夫等人提出的，它有两个方面的意义：一是会话过程中说话者在某一时刻的机会，二是指一个人作为讲话者时所说的话。一个话轮就是一个人说的一段话，不论长短，只要说话人变了，一个话轮就结束了。话轮转换的两个特点为：第一，在一个时间里只能有一个人说话；第二，讲话者不断轮流变化（Sacks、Schegloff 和 Jefferson，1974）。话轮的转换实际上是保证讲话人和听话者达到信息互相交流的根本手段。有译员加入的三方甚至多方的会话有着其独特和复杂的话轮转换特点，一方面，交际的各参与方根据语言提示、自身感觉、权力、地位以及义务等因素争夺、控制或制造话轮，另一方面，译员根据话语的表面含义和社会文化含义以及场景要求主动制造、组织、引导、管理甚至限制话轮的分配。如果交际的所有参与方包括译员在内都能够依序轮流讲话，整个交流就不会存在太大问题。

但是在面对面会话交流中，如果一个讲话人想发言的话，他/她可以随时在另一个讲话人发言的同时插入自己的讲话，因此，所有参与方都有这种同时发言的潜在可能，这种现象被称为话语重叠或话轮重叠（overlap，overlapping talk，simultaneous talk）。

在以对话为主的社区口译中，话轮重叠是十分常见。黑尔在研究法庭口译话语时，就发现存在大量的译员、证人、律师、法官之间的话论重叠，目的主要是争夺话语权。话轮重叠有时会会译员左右为难，不知所措。如罗素在其警局口译研究中曾举例说，一个译员在大部分时间里都能够准确而直接地完成口译，但是在遇到话语重叠时却不知所措，因此，她认为这不是译员的能力素质问题，而是一个策略技巧问题（Russel，2004）。在有口译介入的交流中，译员通常是第一个意识到话轮重叠的人，他/她要快速判断插入的话语是一种信息反馈性质（back-channel nature），还是旨在抢夺正在进行的话轮，然后采取相应的策略。首先，译员应分清楚话轮重叠的种类和特点。话轮重叠可能是短暂的反馈性质重叠，如随声的回答、随口的认同和理解、短短的几个字词表达同意或否定等；也可能是持续较长时间的重叠，如两个讲话人同时发言，彼此都没有停下的意愿。对于短暂的反馈性质话轮重叠，大部分学者认为它不是一种打断讲话的干扰，在实际的对话交流中，这种重叠不会令人恼怒或不安，反而受到其他参与方的欢迎，因为它表明了讲话人对交际活动的兴趣和参与（Tanen，1984）。对于这种重叠，译员不需要太多的干预。交际过程中的一些突发事件，如环境变化、话题变化、讹话人言语等都会对听者心理造成影响，使其不愿维持原语的话语顺序，并试图抢夺讲话人的话轮，表达自己的观点或维护权益等。但是译员不可能同时为两个讲话人口译，因此，对于这种干扰性的重叠，他/她必须立即作出决定，采取措施干预，才能保证交际活动的进行。

美国学者罗伊在其著名的《作为话语过程的口译》一书中为译员提供了四条详尽的处理策略：（1）译员阻止一方的讲话，允许另一方继续；或者停止双方，然后只允许一方讲话，或者让主要讲话人决定谁继续进行讲话。如果要停止一方讲话人，译员必须在发生话轮重叠的最短时间内尽快用语言或非语言方式告知。要停止哪一方讲话人，需要译员综合考虑话语的重要性、讲话人之间的关系、地位和权威性等，然后做出判断。当然，很多情况下译员对场景和讲话人不甚了解，这就需要译员尽快了解语境，同时自身还要知晓一定的交际策略。（2）译员可以暂时忽略争抢话轮一方，或者话轮重叠中的一方，不口译其话语，但要将其话语存于短期记忆中，待口译完一方的话语后，迅速将存于记忆中的另一方话语译出。这种策略主要取决于译员自身的能力，尤其是听辨和短期记忆能力。同时译员还要确定重叠话轮是短暂、简单易于记忆的，并且另一讲话人即将完成其话轮。当然，肯定会有译员会忘记被忽略一方的话语，这时候译员可以直接将话轮转给被忽略的一方，让其重新表述；或者暗示该方进行表述，如可以说"你还有什么要说的吗"，或者"对不起，那边好像有个问题"。（3）译员完全忽略重叠话轮的一方。原因是译员认为该话轮不重要，或者可以过一会儿再重新表述，或者仅仅是因为其无能力同时处理两个原语。（4）译员可以暂时忽略抢话轮的一方，待口译完当前讲话人的话轮后，明确地将下一话轮分配给抢话轮一方，让其重复（Roy，2000：85—91）。

　　罗素则认为忽略重叠的话语或者试图存于短期记忆中都是有风险的，因为译员对重要信息或不重要信息的判断都是主观的，其决定让谁说或忽略谁有可能是不准确的，结果可能是丢掉了重要的信息。她建议译员有两种选择：一是立即阻止争抢话轮的讲话人，完整地翻译目前讲话人的话语；二是允许争抢话轮的一方继续讲话，但译员要知道该讲话人的话语肯定会丢失一部分。不管采取哪种做法对译员来说都是个两难的抉择，因此最好在译前就向双方讲话人明确指出要严格遵守话轮顺序，否则会影响整个交际活动的进行。尽管有许多预选的策略可供选择，但在实际场合下，这些策略不一定完全有效，甚至说口译交际各参与方会完全忽视译员对话轮的控制，因此，译员只能尽量在口译任务性质允许的可能性和各参与方交际目的之间寻求精准的平衡（Russel，2004：124）。

四　处理警察告诫的策略

在国外的一些警匪片中，我们经常可以听到警察在抓捕或审问犯罪嫌疑人时会说："你有权保持沉默，但你所说的一切将可能作为呈堂证供。"这就是著名的"警察告诫"，又称为"米兰达忠告"或"米兰达明示"（Miranda Warnings）[1]。根据美国法律，宣读米兰达权利是警察讯问犯罪嫌疑人必须履行的手续。如果讯问之前没有宣读这些宪法权利，即沉默的权利和请律师的权利，那么犯罪嫌疑人向警察讲的话就不能作为在法庭上证明他有罪的证据[2]。由于涉及法律权利，米兰达告诫在遣词造句上十分严谨，其内容、句子顺序、结构和语域等给英语为母语的警察都造成了不少麻烦。如有些警察脑瓜儿不太够用，手忙脚乱地擒获嫌犯后，死活也想不全米兰达明示了，旁边也没个提词的人，只好干着急，但他们却不敢不照办。后来警方干脆把米兰达明示印制成卡片发给每一位警官，在抓获嫌犯后，照本宣读一遍。即便是母语嫌疑人，要完全透彻理解米兰达明示也并非易事，更何况是非母语的犯罪嫌疑人。因此，口译米兰达明示对译员来说是一项挑战，必须运用一些策略来应对。

美国最常用的或者比较简短的米兰达明示如下：

You have the right to remain silent. Anything you say can and will be used against you in a court of law. You have the right to talk to a lawyer and have him present while you are questioned. If you cannot afford to hire a lawyer, one will be appointed to represent you before questioning, if you wish one.

中文译文：

你有权保持沉默，否则你所说的一切，都能够而且将会在法庭上作为指控你的不利证据；审问之前，你有权与律师谈话，得到律师的

---

[1]　http：//www. mirandawarning. org/.

[2]　Available on line at http：//www. usconstitution. net/miranda. html（accessed 25 May 2012）.

帮助和建议；你有权请律师在你受审问时在场；如果你希望聘请律师但却雇不起，法庭将为你指定一位律师。

后来加利福尼亚州和相当多的其他一些州加上了下面一句话：

Do you understand each of these rights I have explained to you? Having these rights in mind, do you wish to talk to us now?（你理解了我刚才向你宣读的这些权利了吗？在了解这些权利的前提下，你愿意向我坦白吗？）

也有十分详细、几乎涵盖了所有审讯环节的米兰达明示，如：

You have the right to remain silent and refuse to answer questions. Anything you do say may be used against you in a court of law. You have the right to consult an attorney before speaking to the police and to have an attorney present during questioning now or in the future. If you cannot afford an attorney, one will be appointed for you before any questioning if you wish. If you decide to answer questions now without an attorney present you will still have the right to stop answering at any time until you talk to an attorney. Knowing and understanding your rights as I have explained them to you, are you willing to answer my questions without an attorney present?

中文译文：

你有权保持沉默和拒绝回答问题，你所说的一切都将可能在法庭上成为对你不利的证据。你有权在警察讯问你之前咨询律师，讯问时也有权要求律师在场。如果你付不起律师费，法庭在你同意的情况下，将为你指派一名律师。如果你决定在没有律师的情况下回答问题，你有权在这之后随时要求停止讯问，直到征求了律师的意见之后。在知道和理解了我刚才向你解释的这些权利，你愿意在没有律师的情况下回答我的提问吗？

英国和澳大利亚的米兰达明示虽然语言比较简单，但结构和其中概念却较复杂，难以理解，如：

You do not have to say anything. But it may harm your defense if you do not mention when questioned which you later rely on in court. Anything you do say may be given in evidence.（The UK caution）

You are under arrest for your part in the offence of _ _ _ _ . I hereby notify you that you have a right to remain silent and you are not required to make any statement unless you want to do so voluntarily. Anything you say will be used against you in a court of law. You also have a right to consult with your attorney, and have him present with you. If you can not afford an attorney, one will be appointed to represent you. (The UK caution)

I am going to ask you certain questions which will be recorded on a video tape recorder. You are not obliged to answer or do anything unless you wish to do so, but whatever you do say or do will be recorded and may later be used in evidence. (The Australian caution)

除非译员经过相关培训或者熟知类似的警察告诫或明示，否则译员在第一次碰到这样的口译时很难迅速并准确地完成。有时候这种明示是写在卡片上或书面的，还需要译员具有良好的视译功底。罗素在调查中发现，一直十分胜任的译员在翻译米兰达明示时遇到了困难。在对话交际过程中，该译员能够从语义和语用两个层面准确地口译，但当遇到米兰达明示时，却突然转到了单个句子的语义翻译，完全没有了语用层面的考虑（Russel，2000：46）。还有的译员在了解米兰达明示的前提下，为了节省时间或者省却拗嘴的翻译，直接简化明示，如仅仅对犯罪嫌疑人："你有权保持沉默，否则你所说的一切，都能够而且将会在法庭上作为指控你的不利证据"，其他内容直接省略。或者以其他的方式简化，如说什么"让我们简单一点……"或者"简而言之，就是……"等。这种做法可能会导致整个审讯的无效，因为犯罪嫌疑人并没有完全被告知其宪法权利。

对于米兰达明示，专家学者们认为要完整标准地进行翻译，不论是口译还是视译。有关的社区口译教学和培训最好包含米兰达明示的口译练习，尽量涵盖各种不同的明示内容和形式，让学生或译员熟知并背诵标准的翻译答案，张口就能进行快速而准确的口译。澳大利亚西悉尼大学的法律口译课程练习就包括对警察警告或米兰达明示的背诵。罗素还建议译员多于当地警察局沟通联系，或者组织联合培训，译员和警察可以互相交流观点以建立默契（Ibid）。

五　译前通报的重要性

译前通报（briefing）是指在口译开始前交际各参与方聚集在一起互相进行非正式性的沟通交流，主要是帮助译员、被服务双方之间互相了解，尤其是了解整个口译任务的背景、语境、各自的需求及文化背景，有助于译员提高译语准确性。社区口译的工作场合多变，服务人群也多种多样。在一些公共服务机构，如医院、政府部门，译员可能是正式雇员之一，或者长期与机构人员，如医生、护士、部门职员等一起工作。在这种情况下，译员熟知相关领域的知识，熟知与其一起工作的机构人员以及大部分客户（社区的居民、经常住院的患者等），因此，译前的准备工作不需耗费太多精力，译前通报也没有太大必要性。在法庭或警察局等场合时，尽管译员可能熟知专业知识或其中的工作人员，但是其他讲话人，如犯罪嫌疑人、证人等却对所处场合、译员及相关工作人员一无所知，因此，首次口译前的通报是必要的。对于任何译员，尤其是自由职业译员（freelance interpreter），在初次来到一个口译场合或者口译交际方互不了解，译员必须通过各种途径了解整个口译任务，如译前通报、阅读案例、熟悉术语等，目的就是促进更加有效的交流。

简太尔认为不管是什么口译情况，译员都必须尝试三件事：译前通报、介绍（introduction）和译后反馈（debriefing）。之所以说是尝试，是因为有时候公共服务机构的人员时间有限或者根本不考虑什么职业伦理等；或者是被服务的双方不知道如何与译员合作以及弱势的一方有压力或者紧张等，很多情况下译前通报无法进行（Gentile 等，1996：44）。但是译前通报以及译后反馈是任何公共服务机构人员与客户之间交流的必要组成部分，是不应该被忽略的（Tebble，1991：57—58）。如果缺少译前通报，在口译过程中就难免出现一些问题，比如一些相关或主要的信息不透明，交际的各参与方会做出些不正确的猜测。通过译前通报可以帮助所有交际参与方建立交流的基础或平台。如果确实无法进行译前通报，译员至少可以简单地介绍自己或者互相介绍，这种职业性礼节可以产生一种信任和职业气氛，对所有参与方的态度产生积极影响，使随后的交流更加顺畅。

　　克罗格洛夫曾举过一个很好的例子：在警察询问的记录中，一个俄罗斯水手的一句话 "*Te tebya uroyu*" 被三个译员翻译成了三种不同的英文，分别为 "I will kill you"（我要杀了你），"I'll get you"（我要找你算账）和 "I'll stitch you up"（我要让你倒霉）。当警察把询问记录用英语读给俄罗斯水手听时（由译员再译成俄语），他问道："你说过'我要杀了你吗'？"，有意思的是最先翻译成"我要杀了你"译员把英文的 "I will kill you" 译成 "*Ya tebya ub'yu*"，与原语完全不同。而俄罗斯水手也否认曾说过这句话。克罗格洛夫认为这句话在整个警察询问中十分关键的，因此，他建议译员和警察要多花时间揣测讲话人的语言含义。他建议的解决方法是译前通报，警察可以将讲话人的背景和案件背景提前告知译员，避免误解的产生。另外，译员在不确定一些模糊含义时应告知讲话双方，避免误译（Krouglov，1999：296—299）。

第五章　社区口译教学研究

　　向下一代口译职业人员传授必备的知识和技能是社区口译职业化进程的重要一环，而主要的途径就是教学和培训。教学和培训意味着要对整个职业内容和程序的完全了解，因此，许多口译研究都是以教学和培训为背景，或者最终直接或间接地回归到服务教学。大多数的社区口译研究者自身就从事口译教学，或者是正在接受口译教育的不同层次的学生。大学层次的社区口译教学还较少，澳大利亚在这方面一直领先，如迪肯大学（Deakin University）很早就开设了三年学士课程和一年的研究生课程。但是在许多学术机构，社区口译往往不是一门能够获得学位和毕业文凭的学科，而是相当于中专教育或继续教育（Robert，1997：16—17）。进入 21 世纪后，随着社区口译职业化和制度化的发展，社区口译职业正在从一个默默无闻的底层职业（lay occupation）发展成为一个需要学位文凭的专门职业，新一轮的社区口译教育和培训的浪潮也正在兴起。目前，作为一个口译研究课题，社区口译教学方面系统深入的研究并不多，大部分成果都是基于研究者经验的描述，主要涉及的领域包括：学生筛选、课程设置、教学内容和方法以及表现测评等。

第一节　社区口译教育

一　教育与培训的区别

　　谈到口译教学，首先要明确一下培训（training）与教育（education）的区别。培训是一种有组织的知识传递、技能传递、标准传递、信息传递、信念传递、管理训诫行为，时间侧重上岗前，主要是给新员工或现有员工传授其完成本职工作所必需的正确思维认知、基本知识和技能的过程①。而教育的概念，从广义上讲，凡是增进人们的知识和技能、影响人们的思想品德的活动，都是教育。狭义的教育，主要指学校教育，其含义是教育者根据一定社会需求，有目的、有计划、有组织地对受教育者的身心施加影响，把他们培养成为一定社会所需要的人的活动。类型有正规教育、成人教育、技术教育、特殊教育、终身教育等②。笔者认为，相对于社区口译，培训一般是由非高等教育性质的社会服务机构（tertiary service），如口笔译协会、法院、移民局或译员等提供的，时间一般不超过一年；而教育则是由正规学校等学术机构提供的超过两年的培训和学习。山瑞丽提出了社区口译职业培训（professional training）和基础培训（basic training）两个概念，认为职业培训是由非学术机构组织进行的，通常有从业译员、公共服务机构人员、相关权威人士以及政府官员参加；而基础培训则是由学术机构提供的作为一门选修专业或者为学习更为复杂技能而设立的入门专业学习（Sandrelli，2001：174）。黑尔（2007：227）则用培训来指代一切上岗前的教育（pre-service education）。

目前大多数的社区口译培训都是短期且浅尝辄止的，培训内容包括职前训练和工作中培训和业务学习。如黛比和马汀在谈及西班牙社区口译培训时所说："培训时间不足以学习理论知识和实践技能，这也反映了公众对公共服务口笔译作为一个特殊职业的忽视。"（Taibi and Martin，2006：94）。贝娜曼在谈论美国法庭口译培训时也有同感，她认为这些短期非正式的培训课程是"权宜之计"（stop-gap measures），需要有"更加永久性、综合性的解决方法"来满足译员的"教育需求"（Benmaman，1999：112）。由于短期培训通常是由公共服务机构或者口译笔译服务机构举办的，资金和主动性是最大的

---

① Available on line at http://baike.baidu.com/link? url = a5R28CgG4FUP – dxUe – Uw1CGZ7VfXre1hX – 5f9Au6Mo5swyc_ Q5Q5Kc505uv2IOM1（accessed 30 May 2012）.

② Available on line at http://baike.baidu.com/view/3496.htm? fr = wordsearch（accessed 30 May 2012）.

问题。这些机构往往无力或者不愿意举行高层次的培训。因此，完善的知识技能传递体系应在培训的基础上增加更多的教育成分。狭义上讲，培训是单纯地传授实用技巧，但是无法涵盖所有的口译状况。学会使用技巧，并且能够因具体情况进行思考并作出正确决定才是关键，这也是教育的目的所在，即所谓的"授之以鱼"和"授之以渔"的结合。

目前，相对于会议口译，社区口译大学层次的培训或者说正规教育还很少，缺乏高等学术层次上的教育是社区口译职业和会议口译职业的主要差别之一，也是影响社区口译研究发展的原因之一（Pochhacer，2004：30）。如果长期缺少高质量的学位层次教育，不仅会影响社区口译研究的发展，而且会影响译员培训的质量，最终影响整个职业的存亡（Hale，2007：166）。因此，笔者认为要提高社区口译的职业化进程，必须使社区口译培训常规化和正规化，即普及大学层面或以上的教育，而不是短期的速成或应急培训。在下面的各节中，笔者主要探讨的是社区口译译员的教育，即较为正式的大学层面的教学。

二　教育的重要性

社区口译教育长期被忽视的原因是人们往往认为口译不需要特殊技能和知识，不需要教育，只要能说两种语言就可以了。美国两位医生（Kuo and Fagon，1999）曾建议病患使用家人或朋友充当译员，以节省有限的美国财政支出。他们对一些患者和当地居民进行了一项调查，要求他们就对亲属或朋友译员以及职业译员的满意程度打分。当地居民和患者对亲属或朋友译员的满意程度分别为62%和85.1%，对职业译员的满意度分别为98%和92.4%。虽然对职业译员的满意度更高，但是两位医生认为对亲属或朋友译员的满意度足以证明可以省去聘请职业译员的费用，也说明社区口译不需要特殊技能，只要会双语就可以了。实际情况也证明了这一点，即大部分美国的医疗译员都只受过很少的或者说根本没有受过专门教育。

培训（教育）可能是社区口译最复杂和最难处理的一个问题，其中涉及四个互相关联的因素：社会对教育培训的忽视、缺少上岗前的义务教育、缺少足够完善的教育课程体系、缺少教育质量和效率。但是，受过教育的职业译员和未受过教育的译员表现完全不同。通过对瑞典的受过良好教育培训的职业医疗译员和临时译员进行对比分析，狄米特娃发现职业译员能够准确地口译每个话轮，并一直使用第一人称，整个的交际互动明显是由医生控制并发起每个话轮，译员的在场并没有改变医患之间的关系。而临时译员则总是试图控制或独断（monopolize）整个互动（Dimitrova，1997：156）。安索普和唐宁（Athorp and Dawning，1996）也做了相似的实验，他们比较了三组医疗口译对话，一组是双语护士为译员，一组使用职业译员，第三组是无译员参与的对话，研究者发现有职业译员的对话等同于第三种无译员的情况，职业译员能够准确地口译医生和患者的每次话轮，整个交际互动如同没有译员的存在。而双语护士则充当了"照顾者"的角色，减少了医生和患者之间的直接互动。因此，他们建议医生使用受过正规教育的职业译员，而不是临时的双语者。剑桥（Cambridge，1999）试图寻找那些临时医疗译员或者非受训译员不当表现背后的原因，她把这些译员称为"双语中介人"（bilingual mediator）或者"语言转换器"（language switcher）。通过分析大量"错误交流"（miscommunication）的语料，她发现大多原因在于这些译员不了解专业术语、过于认同或同情患者、语言转换错误、不熟悉治疗和咨询的常规程序等。不难看出，导致上述问题的直接原因就是缺少必要的正规教育。黑尔则从社会学角度出发把临时译员的过多干预倾向归结于职业社会地位低以及能力不足，使其缺乏职业认同和安全感，导致倾向于扮演一些看似重要的角色，如社会福利机构人员、医疗人员和法律工作者，而不是一个独立的译员（Hale，2005）。

　　造成某种职业社会地位低下且从业人员素质低的最直接原因也是缺乏教育，所以波赫哈克曾指出："自20世纪50年代以来，会议口译之所以享有较高的社会地位，很大程度上归功于其强大的市场（财力雄厚的机构客户）以及大学层次的培训。"（Pöchhacker，2004：30）培训也有社会功能，"职业社会化的主要催化剂之一就是能够培养合格毕业生进入职场的培训课程"（Gentile 等，1996：69）。尽管波赫哈克和简太尔用的都是"培训"，但可以看出他/她们指的是大学层次的教育。因此，不能一味指责非受训或职业译员的缺点和不足，而应反思整个社区口译体系的问题，如缺少统一的教育和测评制度而无法提高译员的自身素质（Laster and Tayler，1994：14）。

正规完善的教育不但能够保证口译服务的质量，而且能够保证客户应有的权利，尽量避免一些由于译员能力有限而导致的不良后果。也就是说，未受过教育的译员也能担当译员工作，但是他/她们制造的麻烦远多于收益（Erasmus，2000：199）。虽然现在谈普及或者义务进行上岗前（pre-service）正规教育还不太现实，但是我们仍然要不遗余力地去争取，这也是社区口译成为像医生、律师或护士等为社会所接受和认可的职业的必经之路（Corsellis，2005：154）。在目前阶段，我们可以借鉴赫托格关于欧盟法律口译体系建设的建议，即任何国家的社区口译教育和培训体系应包含四种形式：（1）"危机"或"紧急"培训模式，主要应对一些突发或紧急需求，如突发的移民潮、较大的灾难等；（2）大学层次的学位和证书教育项目。提供基本的高质量的职业教育；（3）研究生层次教育拓宽语言种类，提高口译认知和职业技巧；（4）职业继续教育。在工作期间不间断的继续教育，旨在交流经验，强化专门技能，同时不断创新（Hertog，2002：153）。

第二节　社区口译教学课程设置

一　课程设置的多样性

社区口译的职业史很短，其教育也不是上岗前必须要求的，因此各国的社区口译教学课程各不相共同，课程的层次、期限、内容和重点都会因具体国情和口译职业发展程度不同而有所差异。有的课程注重口译通识教育，有的包括笔译课程，有的仅局限于法庭或者医疗口译，还有的尽可能地涵盖更多的专业知识。有最多 60 课时的大学选修课程，也有 1—4 年的学士或硕士学位课程。短期课程会侧重译员伦理和角色等内容，而没有时间进行语言的深层次学习。而学位课程则会包括先期的语言学习以及后期的理论和实践学习。

较早的社区口译学士学位课程是由澳大利亚西悉尼大学在 1984 年开设的三年期项目，该项目得到了 NATTI 的认可，共包括 24 个单元的内容，如口译概论、口译技巧、医疗口译、法庭口译、笔译概论、笔译技巧、社区翻译、特殊翻译、口笔译实习、认证学习、语言学、社会语言学、二语习得、英语语义学和语用学、英语文本和语篇等。

1987 年，加拿大的奴纳瓦特北极学院（Nunavut Arctic College）开设了因纽特/英语（Inuktitut/English）口笔译课程，接收在职和业余译员，课程有两种形式：一年的证书学习和两年的学历学习。一年的证书课程内容为因纽特/英语口译和笔译。两年的学历学习内容为因纽特/英语社区口译和笔译。第一年的学习内容包括因纽特语写作、语言学、打字、演讲技巧、口译职业伦理和标准，实践课内容包括因纽特语语音和词汇、英语写作工作坊、翻译入门、交传入门和同传入门。第二年课程包括口译研究办法、笔译、交传、同传、方言学等。每个学期结束时，学生都有三个星期的实践，主要在当地的教育机构、报社，医院、法院、语言机构或镇议会等。完成两年学历学习的学生可获得蒙特利尔市麦吉尔大学（MCGill University）社区口译和笔译证书（Penny and Sammons，1995：65—76）。

瑞典自 1968 年就开始了针对移民服务的口译人员培训。目前在瑞典共有两种培训教育形式：一种是大学教育课程，一种是成人教育中心和志愿教育机构的职业培训课程。斯德哥尔摩大学的口笔译学院（The Institute for Interpretation and Translation Studies，Stockholm University）自 1986 年成立以来就开始负责整个瑞典的译员培训工作，该学院主要负责在不同的大学举办社区口译学术培训。但由于大多社区口译培训是由成教中心或志愿教育机构举办的非学术性质培训，因此该学院还负责分配政府专项资金，并监督和评估这些培训。社区口译的大学教育一般为一年的基础教育，加一个学期的专业学习，如法律口译或者医疗口译，50% 的授课为实践练习和术语学习。每门课程中有穿插考试，最后有期末结业考试，通过大学的课程考试就可以得到政府认证。2007 年又开始在六所学院和教育机构尝试一年期的社区口译教育，主要包括一门入门课程，介绍口译职业及其技巧和伦理要求，还有 6 门辅助课程，分别针对社区口译最常见的几种工作场所，如社会福利和保险、劳务市场、医疗和法律（包括警察局、法庭和庇护所等）。学生入学要通过入学考试，每门课程都有考试，类似于政府的认证考试。但是要获得政府的认证，学生仍需要参加认证考试。这种短期教育的目的是强化社区口译员的语言能力和专业术语知识，提高心理素质和职业道德标准，同时锻炼口译技巧和掌握相关专业领域的实践知识（Niska，2007：302—304）。

20 世纪 90 年代初，荷兰的乌特勒支高等专业教育大学（Hogeschool Utrecht, the Netherlands）开设了四学年的手语翻译学士学位课程。由于大多数学生从没接触过手语，前两年的课程主要是学习荷兰手语，同时兼修语言学、交际学、荷兰语、口译技巧、音译学、职业伦理和心理学。进入到第三、四学年，除了继续进行语言学习外，学习重点转向口译技巧，学生开始进行实地操作。通常由职业译员作为学生的导师，在现场进行指导、反馈和评价。整个课程的设置主要基于三个能力的培养：荷兰手语技巧（词汇、语法和流利度）、口译技巧（记忆能力、声音、时滞、干预等）、职业技巧（态度、聋哑人文化等）。整个课程系统模块化，每个模块又由学分组成，每个学分相当于 28 个学时，其中 7 个课堂学时和 21 个课后自学学时。整个学位课程共计 240 个必修学分，合 6720 课时。学生可以根据自己的实际情况，制订学习计划，完成学业。在四年学习期间，学生需要不间断与聋哑人接触，目的是学习聋哑文化，与社区内操不同语言的聋哑人、听力正常的人、服务机构人员等建立良好的联系，同时由导师进行指导，并听取客户的意见反馈，从而提高手语翻译技巧。类似的实践活动可以课后作业形式完成，也可以在第三、四学年实习时完成，但必须达到 925 个课时，才能拿到 34 学分（Borgerde，2007：284—286）。

1992 年美国纽约的亨特学院家庭政策研究中心与纽约市健康部、纽约市健康和医院合作组织共同启动了社区口译译员培训项目（CIP），学习时间为一个学期，3—6 学分，主要培训在校的双语学生使其成为公共医院和诊所的译员。课程设置为三个互相依存的模块：医疗口译训练、实习和医疗知识讲座（Michael and Cocchini，1997：237）。2001 年西班牙的阿尔卡拉大学开设了专门针对社区口笔译的课程，共计 250 个课时，三大独立模块：理论模块，所有语言对子的必修模块，主要介绍公共服务口笔译，共计 50 课时；实践模块，不同的语言对子有不同的课程，该模块又包括三个单元：法律、医疗保健、管理和教育，共计 150 课时；项目管理或实习，共计 50 课时。随后，该校与格兰纳达大学紧密合作，共同进行社区口译的研究，使之成为其学术强项和重点，并开设了社区口译研究的博士专业（Garces，2003：189）。

为了克服师资、地域和学生不同能力和需求的难题，也可尝试远程教育。如加拿大地域宽广，大部分学校和培训机构都在大城市，而许多偏远地区又急需译员，但苦于没有教学机构和师资。鉴于此，温哥华社区学院（Vancouver Community College）和温哥华开放学习协会（Open Learning Agency，OLA）共同开办了译员远程培训项目。整个项目包括四个课程模块，其中入门模块，15 课时；译员技巧模块，70 课时；英译外模块，15 课时；法律模块，20 课时，共计 120 学时。虽然最初的课程设计是为了培养法庭译员，但入门模块和译员技巧模块为通识教育，其他专业的译员的培训只需要增加专业模块即可，如医疗专业口译模块、社会公共服务模块等（Carr，2000：84）。远程教育课程设置需要将现代教育技术，如音频、视频技术、电视电话授课、网络授课等，同导师指导、学生同步学习、课程管理等有效地融合在一起，才能达到预期的教学目的。温哥华社区学院远程教学课程中入门模块和专业模块主要使用电子文本格式，辅以老师辅导。在学习伦理和职业发展章节的时候，还可以辅以交互视频会议，学生可以向专家提问并立即得到解答，也可以进行现场的讨论，较好地激励了学习的热情。口译技巧和双语互译模块则较多地使用音频练习资料，学生和导师也可以通过电话会议进行口译练习，或现场答疑、评测等（Ibid，86）。随着网络科技的发展，更多的课程讲授、课堂练习、课后练习和作业批改以及师生交流能够通过特定的软件或网站进行。如为了解决地域、交通费用、译员无脱岗学习时间等问题，挪威奥斯陆大学于2004年开始实施网上课程项目，共招收了12种语言的116名学生，学时32周，教学课程的理论支持为"体验式学习理论"（experiential learning theory），学生的自身经验是主要的学习资料，教师的任务主要是启发学生。学习的平台尽量简单化，是一种叫作"前沿"（frontier）的网络学习平台。网上的学习活动主要在两个"房间"内进行，一个叫"礼堂"（auditorium），一个叫"语言室"（language room）。礼堂内所有的学生均可加入，自由讨论。语言室则主要针对不同语种的学生。此外，学生还需要拿出6个周末的时间到校园集合学习，进行口译练习。该网络课程教学内容主要四点：译员的专业技能和职责、译员基本工具、综合语境或情景知识及交流模式、具体情景知识（Hanne & Wattne，2009：75—88）。

二　课程设置面临的挑战

社区口译课程设计者和教育者目前面临着三个方面的挑战：缺乏合格的师资队伍、具有足够双语和双文化能力的合格学生、如何抉择最合适的课程内容和最有效的教学方法（Valero Garces，2003；Niska，2005）。这些因素制约了社区口译课程设置的内容和效率，课程设计者只能在一定阶段优先考虑一些教学内容，但这样的做法又缺乏理论依据，因此，没有哪一种课程设置能够涵盖社区口译要求的所有知识和技巧。

2007年黑尔对澳大利亚的6名社区口译教育者进行了调查，所有被调查者都认同社区口译教育面临的最主要的挑战是：缺少教材和资料、学时的限制以及学生参差不同的双语和双文化能力。其中，教材和资料的问题尤其突出。社区口译教学是个新事物，以往的口译教学大多以会议口译为主，很难找到合适的社区口译教材，尤其是对于一些比较偏僻的语言对子，如阿拉伯语—西班牙语。很多的双语字典都缺少针对社区口译场合下的专业术语。教师们不得不根据自身的经验编写教材，组织模仿真实口译场合的课堂练习等。但是被调查的教师都一致认为必须要对社区口译员进行义务教育，理想的课程设置是先本科教育，后研究生教育，学生具有必要的双语和双文化能力（Hale，2007：175）。

　　瑞典内斯卡认为在设置社区口译教育课程时应考虑课程目的，如："市场需求如何？有哪些机构需要译员？服务的提供方和需求方的要求是什么？"同时还要针对不同的教育背景和语言能力来考虑学生的需求，包括助学金、学生贷款以及脱产学习等。课程安排还要考虑现有的教学资源，如教师队伍、教学设备、课程资料和测评方法等。因此，大学层次的社区口译教学不应该仅仅是外语学院的任务，而是各个学院和部门的紧密合作，如法律、医学、经济学和心理学等学院，做到教师共享。还要能够从口译职业对口机构聘请从业人员担任客座讲师，如医生、警察、法官、工会代表等（Niska，2000）。

　　简太尔则认为社区口译课程设置的根本原则是区分语言能力（language competence）培养和口译能力（interpreting competence）培养，这直接关系到口译职业社会化进程，而在实际教学中往往会忽视或者无法解决这个问题。口译教育不是学习语言而是用语言来工作（not work *on* language but work *with* language），课程设置要适应口过程的所有阶段，不仅要给学生展示口译职业的实践和技术层面，更重要的是要让学生对那些指导未来职业实践的理论和假设进行思考，并作出反馈（Gentile et al.，1996：70）。

三　学生的筛选

　　如何确保学生具有成为社区口译译员所需的双语和双文化能力也是社区口译教学面临的一个挑战。一方面，由于社区口译职业较低的薪酬、有限的工作机会和相对较差的工作条件，许多有双语知识和技巧的人不喜欢这个职业；而另一方面，那些会说急需的稀缺语言的人，又大多是少数民族，说不好官方语言，本土文化认知度也较低，无法胜任。因此，要通过一定的方法或测试来筛选出具有基本语言能力和文化、喜欢口译职业的学生，才能确保社区口译教学的成功，避免不必要的教学资源浪费。

1998 年欧盟开展了"欧洲社区口译调查"项目，对 13 个国家的 42 个口译服务机构进行了调查。调查报告建议社区口译学习者应具备下列的素质，并通过相应的测评方法来筛选，见表 5 - 1。

表 5 - 1　　　　　　　　　　未来社区口译译员素质要求

素质	测评方法
社交能力	面试对话
完备的语言知识	口语和书面测试、角色扮演
较好地了解东道国（host country）和掌握工作领域内的专业术语	口语和/或书面测试
口译技巧	角色扮演、现场测试
了解服务对象及其在本地社会（host society）所特有的问题	至少在本地社会居住过一段时间，和或者测试

资料来源：*cf.* Niska，2000：137。

入学前的筛选内容包括语言能力、口译潜力、学习潜力和职业潜力的测评。双语口语和书面语能力应达到本科水平或相当层次水平；具有较好的声音、表达能力、语言转换能力及人际沟通技巧；具有分析问题的能力、对职业的兴趣和好学；成熟稳重，具有组织能力等（Corsellis，2008：66）。筛选的方法有才智测试、面试和双语写作。通过角色扮演、短视译和双语笔译来测试学生的才智；面试时主要和学生进行交谈，了解其对社区口译的理解；200 字左右的双语写作，题目可以是"为什么想成为社区口译译员？"、"我的口译经验"等，主要了解学生口译相关经验。克赛里斯为新生入学测评设计了四项任务：角色表演、视阅翻译、信件翻译、短篇笔译。学生需要用双语分别进行两段对话式角色扮演，考查学生双语的听力、理解、口语表达、信息分析以及话语交际能力；视阅翻译要求学生用双语视译两段 100 字左右的文本。虽然在筛选阶段这项任务较难，但是考虑到在日常工作中译员会经常视译一些文本，如账单、水电煤气费表、医生预约函等，这项测试可以看出学生是否具有基本的双语转换能力；学生还需要翻译两篇精心组织的双语信件，里面穿插许多社会、文化和习俗等信息，主要考查学生的跨文化转换意识和能力；短篇笔译主要选用两篇相对简单的应用文，如通知、学校报告、家长给老师的信件等（Ibid，61—62）。

　　斯德哥尔摩大学口笔译学院在语言测试专家、译员培训专家和机构、从业译员的共同帮助下，根据社区口译服务整体框架，设计了一整套能力测试包，目的是确保所招收的学生具有一定的知识和能力，能够完成两年紧张的课程并最终通过政府的认证考试，测试内容包括四个方面：双语的听力、口语、阅读和写作，申请学生的双语语言水平至少要达到母语国家中学水平。综合知识和口译能力也要测试，测试方法为笔试和角色扮演。目前大约有 60 多家培训机构使用这套能力测试包，进行 24 种语言对子的测试。一些经验丰富的职业译员会以"语言测试员"（language tester）身份参加测试（*cf.* Niska，2000：141—142）。

四　教学课程内容和方法

　　社区口译教学内容应根据课程培训目的、学生需求和可用资源来进行安排。例如，斯德哥尔摩大学口笔译学院设计了社区口译的课程，而具体的实施地点则在全国各地不同的成人教育中心和志愿者教育中心等，这样既考虑到了学生能力和需求的差异，又可以采取灵活多变的教学方法。根据学生的教育背景，课程的课时可灵活掌握，理想的教学内容应包含 50% 的理论和 50% 的实践，可以概括为：母语和工作语言能力及术语知识、口译技巧、心理素质、职业伦理道德、工作场合知识、瑞典和移民所来自国家的社会、政治、文化、劳工知识的了解。考虑到学生的语言素质不同，教学内容可以加入单独的语言提高部分（Niska，2000：140）。

　　（一）传统教学

　　1992 年，美国纽约的亨特学院家庭政策研究中心开设的社区口译译员培训课程（CIP）共包括三大部分内容：医疗口译训练（注意力和短期记忆、放松技巧、语言结构讨论、医学词汇积累、职业伦理学习、角色扮演等）、实习（在公共医院或诊所进行至少 70 小时的译员实习）、课程讲座（贯穿整个学期，题目包括双语、口译实践、医疗服务、移民健康、社区志愿服务等）（Michael &Cocchini，1997：238）。

本娜曼（Benmaman，1997：187—188）所设计的法庭口译员培训课程主要内容：第一阶段，大剂量职前练习。主要目的是提高语言技巧和表达的灵活，开发中期和短期记忆能力，获取职业仪态和自信。本阶段的主要重点是听力技巧，要求学生听各种法律口译场景的录音，如离婚案、孩子抚养案、非法移民案、骚扰案等，然后进行概括（generalizing）、解释（paraphrasing）、意义复述（rephrasing main and supporting ideas）、片段回忆（recall of partial and entire discourse）等。该阶段还有提前准备的或者即兴演讲练习等。第二阶段，法律系统介绍（包括法庭程序的学习）。主要目的是了解所在国家的法律体系，尤其是对译员工作的法律场合的了解。选择的题目既不能太宽泛，缺乏重点；也不能太深奥，适合法律专业学生，而不是社区口译译员。因此，选题要是法律体系中最基本的方面，同时还要涵盖有关学生未来工作机关和场合的实用信息。最好还能够组织学生参观上述的工作场合，为他们提供更直观的理解。第三阶段，语言强化（法律概念和术语学习）。同第二阶段紧密相连，要求学生更好地理解上述法律体系中的概念和术语，提高词汇量和专业语言的表达能力，为以后能快速向译语转换打下基础。第四阶段，口译笔记技巧练习。在以对话口译为主的社区口译中会出现大量的专有名词、地址、日期和数字以及超出译员短期记忆能力范围的长篇陈述等，笔记的熟练使用能够帮助译员快速、准确和完整地从原语转换到译语，也能帮助译员记录长时间的陈述，而无须经常打断讲话人。第五阶段，交替传译练习。根据真实场景下的材料设计交传练习语料，尽量涵盖法律口译的每种场合。语料要体现法律场合下特有的语言，如严肃呆板的法律词语、正式语域等。还要拿出大量时间让学生进行角色扮演练习，模仿法律咨询、听证会、执法询问等场合下的对话口译。如果有条件，可以现场录音、录像，然后进行分析讨论。

赫托格（Hertog，2002：154—156）认为在第一学历层次教育和研究生教育中，教学内容和方法应包括，以法律口译为例：（1）法律专业知识。学生应掌握警察局、法院、避难所、难民营等机构的机构和程序知识以及各类民法和刑法的基本内容和相关专业术语。最好的教师就是这些机构的职业人员，教学过程中还应经常组织学生参观这些机构，观摩职业译员的现场工作。现场参观还可以让学生结识或熟悉这些机构的工作人员，因为将来他们很可能会成为同事。（2）转换技巧。主要包括短交传、耳语同传、笔记、短时记忆、视阅翻译等。可以通过在练习方法主要是角色扮演。随着课程的深入，角色扮演的场景和程序应更复杂、更接近真实场景，如加入各种杂音、请真实的职业人员加入等。（3）职业伦理和正确工作指南。这部分内容是重要的职业基础，学生需要完全理解职业伦理和正确工作指南的基本原则和潜在道德标准，即使在紧张的情形下也能本能地遵守。最好在课程开始的前几个周内专门详细学习这部分内容，并在以后的课堂角色扮演和讨论中予以应用和关注。（4）职业继续发展。应教会学生如何在未来通过自我反省和继续学习来发展完善自己的职业进程。应让学生知道作为职业法律译员所必备的条件，如何计划和组织职业生涯，如何保证自己的身体和精神健康，什么时候需要帮助和支持以及如何得到，如何获得口译任务并加以准备，以及如何安排工作时间、账务、记录管理、合约和协议等。

　　克赛里斯在其著名的《公共服务口译入门》（*Public Services Interpreting：The First Steps*）一书中对社区口译教学的课程设置、内容和测评方法都提出详尽的建议，她认为社区口译教学内容应以专业领域（医疗、法律等）为基础，"……延伸出互相交织的五条金线（golden threads），最终织成一条强有力的技巧之绳"（Corsellis，2008：71）。

　　第一条线为专业领域体系、程序、目的以及人员等方面的知识。会议口译译员通常都能够提前知道翻译任务的内容，并加以准备。而社区口译则很难做到这一点。因此学生必须对自己将来工作领域的背景有着深刻的理解，以便能够在最短的时间内做出反应，提供高质量的口译。深刻的理解并不是要求学生达到法律或医疗专业层次上的水平，而是指掌握基础的实用信息以及在每次口译时调取和使用信息的策略等。可以由专业人士，如医生、法官、律师等来为学生讲解专业领域知识，也可组织学生实地参观，获得更直观的理解。同时也要让学生知道一些工作常识，比如签订合同明确责任和义务、确定工作时的联系人以防突发事件、准时不迟到、如何站位或安排座位，做好自身安全防范等。

第二条线为专业领域词汇。专业领域从业人员之间的谈话，如医生、护士、法官、律师等往往使用专业术语，但是当与患者或客户谈话时则会使用简单的日常用语，一方面是为了便于理解，另一方面是为了避免造成尴尬。因此，学生既要掌握专业领域的术语，也要了解这些术语的委婉或简单表达方法。教师可以将这些词汇整理成册发给学生，学生也可以用电子文档的方式存放在电子词典或笔记中，随身携带以便背诵和查阅。

第三条线口译技巧和笔译练习。要求学生模拟现实场景进行角色扮演，把学到的专业领域知识、程序和术语等尽量应用到演练中。也可以邀请职业人员加入。角色扮演的情景难度、语言难度等应由简单到复杂。每次模拟后由学生、教师和专业人士在测评表上打分测评。学生自我评价和互相测评十分重要，能够使他们知道什么是好的表现，语言如何使用，如何控制交流互动，哪些行为是不能接受且需要改进的。这对他们未来的职业表现尤为重要。另外还有一些通用的口译练习，如短期记忆和笔记、发声练习等。如果条件允许，可以让学生练习电话和视频会议口译，知道如何操作。尽管不如面对面口译，但有时由于距离和天气，或者节省费用等原因，电话和视频会议口译还是具有一定优势的。基础的笔译练习也很必要，几乎所有公共服务口译场合都会有一定数量的书面材料需要填写或翻译，如申请书、表格等，因此学生应具备完成一些基本的、简短的笔译工作的能力。

第四条线是职业论理和规范教育。职业伦理和规范是社区口译职业不可或缺的重要做成部分，主要内容包括公正、客观、中立和保密。教育方法之一是角色扮演后的测评，可以让部分学生充当纪律委员会成员，对译员的行为进行评判，对违背伦理规范的行为作出裁决和处罚。此外，还应教育学生如何正确安排每一次口译任务。一些看似琐碎的细节确实至关重要的，如工作日志、发票、活动记录、何时以何种方式接受任务等。在课堂中思考这些细节，知道如何去处理将有助于他们在未来工作中迅速做出准确的判断。

第五条线是个人的职业继续发展教育。"授之以鱼"的同时要教会学生在走出课堂后如何继续完善自身及职业，其中包括如何规划自己的需求、积累职业资料和术语、参加职业或学术讲座和会议等。

除此之外，社区口译教育还要让学生对所有的工作场合有所准备。社区口译不同于会议口译，其场合充满了变数，如有时候可能是常规的医院、法庭、警察局、移民局，也有可能是监狱、交通事故现场、恐怖事件现场等。教育的课程内容应包括译员身心健康和安全方面。比如为一些有精神问题的客户、犯罪嫌疑人等服务时，如何做好自身安全防范等。还应该注意健康，如在做毒品调查口译时候，注意防范艾滋病等。上述第一条和第二条线的内容，即专业领域知识和词汇也可以通过远程教学的方式完成，而后三条线的内容则必须通过学生和教师之间面对面的交流互动才能够完成。整个教学内容至少需要150个课上课时，还要有一定时间的课下练习（Corsellis，2008：26—28）。

从上面的例子可以看出，传统的社区口译教学使用的方法主要是角色扮演或对话口译练习。如将学生分组，通常为每组三人，一人讲英文，一人讲汉语，一人为译员，可以有四种操练模式。模式一：指定一个题目，双方即席开始自由讨论，译员交替口译；模式二：给两名讲话人一个场景概况，但不告诉译员，两人根据场景即席发挥，译员口译；模式三：给三名学生一个题目纲要和相关资料，要求他们提前准备；模式四：给所有学生指定一个题目，给两名讲话人相关补充资料，而要求译员自己准备资料（Leong，1995：119—128）。虽然角色扮演尽量模拟真实场景，但要达到真实的程度和效果也不太容易，因此最好能采用多种方法相结合。比如可以采用带稿对话的形式，这样可以控制对话的内容、语法结构和词汇，易于学生发挥和掌握，但是要注意内容尽量口语化，否则听起来会很空洞虚假。无稿的对话练习可以锻炼学生临场的反应能力，但缺点是内容可能会缺少深度，语言单调不生动。也可以邀请法院、医院、警察局等机构的工作人员参加学生的模拟操练，为学生提供一些真实的实务经验。

（二）话语分析理论指导下的教学

　　一些专家学者批评目前很多的社区口译课程内容流于形式，只重视机械的技能发展和术语，而忽视了句法层面以上的语言表现和口译表现，最终成为一系列没有明确目的的随意练习和活动（Berk-Seligson，1990；Hale，1996；Fowler，1997；Roy，2000；Winston & Monikowski，2000）。在实际口译中译员必须传达话语的整体含义，话语分析实际上就是译员逻辑思维的过程。而在传统的教学中，大量的时间和精力花费词语、句子或手势层面的分析，往往主要信息和语言点翻译对了，但是讲话人表达的整体意义却被忽略了，包括整个讲话的一致性和讲话人的目的。语言的一致性往往是通过话语层面来表达，而不是语音或句法层面。在社区口译学习过程中重要的是让学生理解如何使用语言、熟知话语过程和社会交际情景。译员的角色以及交际互动都融合在话语及其表达方式中，因此话语分析不仅有助于口译研究，而且也让教师和学生知道哪些是教和学的重点。海伦泰伯也认为口译不再是简单的语言转换，译员仅仅会两种语言，掌握一些记忆技巧或转换技巧，做一些角色扮演的练习，已不能适应现在口译工作需求。一个好的职业译员必须能够理解和解释自己的工作，尤其是能够理解自己的话语功能。他/她应该能够通过话语分析来展示和解释话语的微妙、话语行为风格、话轮的复杂、反馈的重要性等，这对于以对话口译为主的社区口译尤为重要。她建议将话语分析的学习纳入到口译教学内容中，通过录像、录音、文本转写等方法来帮助学生进行话语分析，使他们懂得口译活动的复杂性和话语的重要性，以便提高口译的质量（Tebble，2009：216）。

　　富勒（Fowler，1997：198—199）提出教育培训还要包括对口译中语用对等的理解，也就是说学生必须要理解讲话人表达中的含义，以及这个含义是如何被听者所理解的。学生要关注的不是表面的意思，而是语境中的含义。因此，他在英国东伯明翰学院（East Birmingham College，England）开设100小时的法庭译员培训课程时，加入了以下课程内容：（1）理解译员在法庭程序中的潜在作用。主要通过分析法律英语、观察法庭程序来了解法律英语和非法律英语的不同语域；（2）了解法庭言语互动与日常面对面交流的不同；（3）了解原语和译语文化中的礼貌现象以及对听者的影响；（4）训练掌握在法庭语境中如何掌控干预度（intervention）和避免过于武断（assertiveness）；（5）了解不同地区英语和社区语言的特点，以及听者对它们的评价和反应（比如说，南亚国家讲英语的人从小就对英语比较尊敬，因此不但会尽量避免使用俚语或口头语，而且会在传译过程中通过消除俚语和口头语等来提高语言的礼貌程度）。

　　黑尔也赞同较为理想的教学方法应该是采用基于话语分析理论的教学法，学生只有从话语层面分析意思才能理解整个信息并将其正确地转换成译语，忽视话语特点的口译会给交流带来障碍。如在法庭质询中有不同的提问类型及作用、提问前的话语标记和话语策略等，证人证词有不同的呈现风格和语域，有的自信，有的懦弱，有的犹豫，有的直接等，理解这些话语风格及作用才能帮助译员作出快速正确的选择（Hale，2007：184—185）。在话语分析和对话分析理论的指导下，黑尔综合了多名学者研究成果，设计了一套完整的社区口译教学计划。教学内容被归纳为 12 条应掌握的知识和技能素质：职业知识、高级语言能力、优秀的听力和理解技能、优秀的记忆技能、合格的公共演讲能力、合格的笔记技能、高级口译技能、良好的管理技能、语境和专题知识、对不同口译场合口译目的的理解、跨文化交际意识、理论知识（Ibid，177—178），并结合口译过程把它们分成三大类，即理解（comprehension）、转换（conversion）和表达（delivery），制定了一个综合的培训教学内容及讲授方法的框架（Ibid，185—192），其中理解阶段的课堂内容包括：各种社区口译场合的背景知识和应对方式、语用理论、跨文化语用理论、对话分析、话语分析和批判话语分析、社会心理学和社会语言学的研究成果、职业口译场合话语分析成果等；转换阶段课堂内容包括：翻译理论、口译理论（不同场合下对口译准确性的理解）、译员角色探讨、职业规范伦理、社区口译中的困境及处理方法等；表达阶段的讲授内容有：双语语音（语音、语调等）、双语语法结构、文体学（语域、话语类型、话语变异、方言等）、公共演讲（措辞、发声、音调、节奏、力度等）、交流互动管理。

　　针对每一大阶段的教学内容，黑尔还详细列举了可供参考的教学方法。在理解阶段，可以要求学生课下查找资料，课堂上以口头报告的方式陈述相关口译领域背景知识，或者搜集相关领域的专业词语，建立自己的词汇库；要求学生使用不同的理论模型来分析不同类型的文本，或者从对话分析角度、话语分析角度和批判话语分析的角度来讨论在不同文化和语境下语篇和话语的功能；要求学生阅读相关理论文献，总结出口译实践中理论的应用；模拟不同风格的讲话，要求学生根据理论研究予以辨别；模拟实验各种风格的讲话，要求学生听后评估讲话人的性格、能力及可信度等；使用真实场景下口译录音的转写文本（法庭对话、医患对话等），分析话语在当时现场的作用。针对转换阶段的教学内容，学生需要研究和概括不同的翻译理论，并将理论途径应用到不同的语篇；讨论向译语转换中的困难；组织学生模拟不同的口译场景，并讨论在模拟过程中使用的理论；现场录像或录音，让学生转写录像或录音文本，使用话语分析和对话分析的途径来研究自己的话语，并在课堂上陈述和探讨各自的发现；模拟一些常见的"问题"话语场景，如话轮重叠、侮辱性语言、使用第三人称等，并让学生利用已知的理论研究成果来寻找解决方法；模拟一些伦理困境，要求学生讨论解决方法，也可以参考现有的伦理规范。在表达阶段，可以组织学生听相同文本不同语调的表达，辨别其意思的变化；播放各种口译互动的录像，要求学生分析超音位特征（supra-segmental features）；纠正学生有问题的发音或音位；对比不同的语法结构及其作用，如反义疑问句、祈使句、请求句；使用不同语域的话语，要求学生辨别，或者给学生一篇文本，要求他们用不同的语域表达；要求学生将不同语域和风格的话语译成目标语；口译笔记练习，要求学生标出不同话语的风格；将学生的译语进行录音，要求学生分析风格和语域倾向；要求学生控制使用一些话语标记，如犹豫词、填充词等；公共演讲练习提高学生表述能力、发音质量、仪表和姿态；模拟法庭辩论，设置无麦克或麦克效果差，并加入噪声干扰，强迫学生提高音调，清楚表达；模拟真实场景，要求学生学会如何介绍自己，解释角色，请求重复或解释疑问或澄清文化差异，如何打断对话程序插入话轮，如何控制互动，告诫参与各方如何通过译员进行互动，了解正确的礼仪和规矩等。

在认同双语知识、口译技能、话语分析以及专业领域知识重要性的同时，许多学者也强调不要忽视口译理论与研究的习得。罗伊曾说过，成功的老师是将其教学建立在口译理论和研究的基础上。没有理论支撑的教学不会有好的成效和时效性，原因有二：一是教师对学生的评判会过于主观武断，缺少让学生信服的理由；二是学生会过度依赖教师对每一次练习或实践的反馈，缺乏自我评价能力。既然教学的目的是把学生培养成为未来独立的职业人士，就应在有限的课时内教授其有用的工具，以备应对未来各种工作情形，做出适当的判断。好的教学应该是理论、练习和实践的有机综合，理论指导练习和实践，练习和实践又会产生新的理论问题，互相促进提高（Roy，2000：2）。克赛里斯也认为需要要在教授口译技巧的同时加入一定的理论指导，可以让学生懂得去译什么，为什么这样译，为将来研究更深层次的口译理论打下基础（Corsellis，2008：27）。黑尔在综合概括了社区口译教学内容后，指出几乎所有的社区口译教学内容中都没提及"口译研究的培训"。她认为如果没有口译理论和研究成果的支撑，口译技巧、语言知识以及百科知识的传授就没有成效。如果社区口译研究能够得到重视，并用研究成果来指导实践和教学，其作用将是巨大的。但口译研究的培训还不适合本科层次的教学，只能在研究生教学课程中开设（Hale，2007：193）。

五 社区口译教学评估和测试

测试和评估（以下简称测评）是根据特定的目标，用可以比较或者量化的尺度进行合理的评判。测评目的主要有三点：筛选合格的适合接受教育的学生、检验教学的结果、决定是否授予职业证书。学前的筛选测评已在前面章节讨论过，在此不再重复。由于社区口译服务涉及一定的责任和潜在的风险，学生毕业或者上岗之前，客观地测评其口译技巧至关重要。测评主要的内容应包括：相关服务领域及其组织结构、工作程序和人员的知识、双语说写的流利程度（包括语域和术语）、使用交替传译、耳语同传、视译、笔译等准确地进行双语双向转换的能力、对职业伦理规范及相应策略的理解、职业和个人继续发展的计划等（Corsellis, 2008：60—61）。

测评通常可以分为总结性测评（summative assessment）和形成性测评（formative assessment）。总结性测评又称"事后评价"，主要是概括或总结学生的最终学习效果，一般是在教学活动告一段落或者课程结束后进行的评价。总结性测评重视的是结果，借以对被评价者做出全面鉴定，区分出等级，或决定是否授予证书等。对于学生来说接受总结性测评是被动的，而且是在课程结束后，因此这种测评对学习尤其是某一阶段的学习作用不大。但是总结性测评也有概括水平较高、测评范围较广等优点。瑞典斯德哥尔摩大学的内斯卡就提倡使用贝克的语言测试模型（Baker, 1989），来对社区口译进行总结性测试，该模型主要使用行为相关测试和系统相关测试（performance-refernced vs. system-referenced tests）、直接和间接测试（direct vs. indirect testing）两组对比参数。行为相关和系统相关测试都是用来衡量技巧和知识的掌握，前者更倾向于具体测试，如专业领域内的知识；而后者更倾向于评价综合语言技巧和能力的掌握。直接测试与测评目标有直接关系，而间接测试则主要涉及分析的过程。例如驾照考试就是直接行为相关测试，"驾驶"的标准就是能够开车完成一系列的操作，但是需要区分测试表现（test performance）和标准表现（criterion performance）：测试表现是指测试这一短时间内能够开车完成一系列操作，而标准表现则是能够一辈子开车完成这些操作。而译员的测试从性质上更接近行为相关测试，内斯卡以瑞典政府的证书测试内容为例，描述了贝克测试模型在口译测评中的应用。如图 5 - 1 所示，测试越间接，越需要更彻底的分析来决定测试内容以及方法，各项参数之间没有明确的界限，都是呈现出渐强或渐弱的趋势（Niska, 2000：141）。

```
              DIRECT          INDIRECT
                    more analysis
                    ───────────────────▶

PERFORMANCE-          ┌──────────┐
REFERENC ED  ▲        │ ROLE PLAY │
             │        └──┬────────┴──────────┐
             │           │ TERMINOLOGY TEST   │
more specific│           ├────┬───────────────┴──────────┐
             │           │    │ FACTUAL KNOVVL EDGE TEST  │
─────────────┼───────────┼────┼──┬───────────────────────┴──┐
             │           │    │  │ PROFESSIONAL ETHICS TEST  │
more general │           │    ├──┴───────────────┬───────────┘
             │           │    │  LANGUAGE TEST   │
SYS TEM-     ▼           │    └──────────────────┘
REFERENC ED              │
```

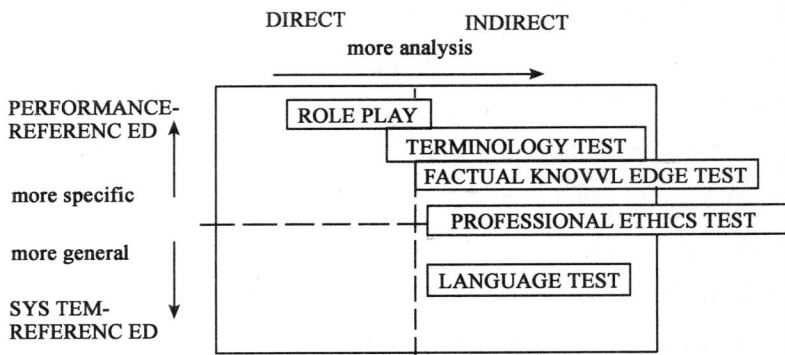

图 5 – 1　贝克测试模型下的口译证书测试

　　形成性测评是相对于总结性测评而言的，是对学生整个学习过程进行的评价，对学生日常学习过程中的表现、所取得的成绩以及所反映出的情感、态度、策略等方面的发展做出评价。其目的是激励学生学习，帮助学生有效调控自己的学习过程，使学生获得成就感，增强自信心，培养合作精神。形成性评价不单纯从评价者的需要出发，而更注重从被评价者的需要出发，重视学习的过程，重视学生在学习中的体验；强调人与人之间的相互作用，强调评价中多种因素的交互作用，重视师生交流①。如内斯卡所说："任何测试都不能替代必要的培训，也不能弥补译员的缺失，更不能培养出译员，只有必要的教育才能做到。"（Niska，1998）因此，社区口译教学测评更多地使用形成性测评，把测评融于整个教学过程，成为教育的有机组成部分。

　　形成性测评包括标准的设定、学生间测评（peer assessment）、自我测评（self-assessment）和反馈。即使是经验丰富的学生译员也经常意识不到自己口译过程的省略、添加或误解等错误，要求他/她们评价自己或互评时，也往往不知道使用什么分析工具或标准进行。因此，教师或导师最好先将自己设计的评价标准明确告诉学生，这样学生在做练习和测评时就会胸中有数，知道如何根据标准去做以及如何

──────────

① Available on line at http：//baike. baidu. com/link？ url = DwdjtycFXQyr4 VM76Zi60HM – qW9xA6fBnO9ppQVJcgd7svZZEUJVGLX – nLVVsC4M（accessed 12 June 2012）.

进行评价和反馈。随着熟练程度的增加，符合标准就会潜移默化地成为学生的本能反应。如布鲁内尔（Bruner，1966）所说，导师指导学生的目的是让他们最终学会指导自己，否则所谓的掌握不过是在导师帮助下的结果。单德尔（Sadler，1989：121）也有同感，认为学生能够不断进步的必要前提是他们的质量概念几乎和老师所知的一样，并能够在产出的过程中持续不断监控质量，随时调用智囊库中的任何技巧和策略。也就是说学生能够判断产出的质量，并在产出的过程中随时调整。学生互评和自我测评是紧密相关的，学生需要大量地练习评价同伴在口译中的表现，评价得越多他们学到得就越多。不断听取别人的评价才会知道如何评价自己，因此合格的互评才能够产生高质量的自评。学生间测评和自我测评能够提高学生的判断能力，是未来良好职业习惯的基础和必备技巧。大多数译员都是独立工作的，如果缺乏自我监督和测评的能力，就很难发现自身缺点，改进口译质量。反馈也是形成性测评的关键组成部分。首先要告诉学生如何进行书面或口头反馈和接受反馈，有时候学生会容易关注他人口译表现中的缺点而不是优点，如果过多地评价别人的缺点会让被评价者产生逆反心理，因此要告知学生尽量使用委婉的语气和较正面的词语批评他人，同时也要把批评或者错误当成提高的机会而不是一种失败。评价和反馈的重点可以放在意义、清晰度、风格和表达等重要方面（Sawyer，2004）。其次教师的反馈也至关重要，要包括三点要素：认同学生的目标、指出目前所处的阶段、指出目前阶段与目标的差距（Black & William，1998：6）。

荷兰乌特勒支高等专业教育大学开设的四年手语翻译课程一直贯穿着测评。测评的内容有三项：语言水平、口译水平和职业水平。初期是由老师测评，后期有导师测评，还有学生互评，其间穿插老师和学生之间大量的交流反馈。学生还需要评价自己，制定学习目标并监控自己的进度。测评的主要工具是测评表（Assessment Lists），包括两部分内容：语言和口译技巧测评（Assessment of Linguistic and Interpreting Skills，ALIS）和互动技巧测评（Assessement of Interaction Skills，AIS）。ALIS 项下有三个分项，每个分项都有各自分数和所占权重：（1）向聋哑客户和正常听力客户做自我介绍；（2）打断或插话；（3）翻译质量（又包括 3 个小项：对话过程、语言使用、语言内容）。AIS 项下有 6 个分项：（1）自我介绍时的仪态；（2）座次安排；（3）中立性；（4）干扰和打断对话的方式；（5）与客户相处；（6）态度（Van den Borgerde，2007：288）。

　　克赛里斯认为测评应贯穿整个教育和职业的过程，共分四个阶段，即入学筛选测评、本科阶段测评、研究生阶段测评和继续教育阶段测评。本科阶段测评的目的主要是看学生是否掌握了语言转换的最基本技巧，内容主要包括：双向对话交传，如模拟医患之间对话；独白耳语同传，如患者对医院的抱怨、护士解释病因等；双向笔译，如翻译治疗管理指南、治疗或药物副作用、医患之间关于治疗建议的信件等；视阅翻译，快速视译患者给医生关于治疗预约的信件、医生给患者的治疗建议。每项测评都使用测评卡，评分标准包括准确性、流利性、选词、文化理解、风格、语域、发声、表现、职业化水平和交流合作。对于开始低阶段任务，评分标准可仅限于准确性、发声和基础的口译技巧。随着学生水平的提高及任务难度的加大，评分标准的范围也随之扩大。比如说更加注重职业化的表现，关注学生解决问题的能力、与双方讲话人沟通的能力、是否遵守职业规范等。口译技巧方面要求也更具体，加入更多的微标准（microcriteria），如语音、韵律、停顿、眼神、姿态、选词等（Riccardi，2002：121）。测评选用材料也应更接近真实场景下的语料。由于开办社区口译研究生课程的学校很少，研究生阶段的测评重点可放在口笔译高级技巧以及理论和专业方向的论文（Corsallis，2008：61—64）。

第六章　社区口译研究趋势

回顾 20 世纪中叶以来的社区口译研究，我们发现该领域在很多方面都得到了良好的发展，并且在全球获得了更加广泛的认可。特别是进入 21 世纪后，社区口译研究出现了增长和融合的趋势，不仅体现在各国社区口译相关法律的完善、服务机构的设置以及国际学术交流的增多，还体现在社区口译研究理论和途径等方面。如果要对社区口译研究未来的发展趋势加以预测，至少有两样是可以确定的：多元化的发展趋势和学科交叉研究。但是影响社区口译研究基础和环境的各种变量之间复杂的关系又使我们很难确切预测其未来发展方向。一些有较大影响力的变量，如翻译学科的社会转向、全球化、科技进步等，都会间接或直接地影响到社区口译职业的发展，从而改变社区口译研究的方向。

第一节　多元化和全球化发展趋势

社区口译研究领域的多元化趋势在 20 世纪 80 年代开始出现，如法庭口译和手语翻译得到口译界学者的关注，大量的学术论文和文献相继出现。全球范围内对社区口译职业和学术研究的重视以及连续多年来"关键链接"大会的成功召开（温哥华、蒙特利尔、斯德哥尔摩、悉尼、多伦多）使社区口译研究发展势头强劲并成为口译研究中不可或缺的部分，也是目前口译学科研究中最活跃的领域。得益于大量借鉴翻译学以及其他相关学科的理论和方法，如话语分析、语用学、批判话语分析、文化学、社会学和神经学等，并且始终专注于话语、互动、社会因素等热门话题，社区口译研究成果丰硕，并且具有极大的挑战性和发展潜力（Hertog，2006：12）。社区口译研究的影响和作用也不再局限于学术圈，许多研究成果对社区口译职业的发展起到了积极的推动作用，如法律、移民、医疗和公共服务领域内相关法律和条例的制定，社区口译职业培训和行业准则等。与此同时，伴随着现代科技的迅猛发展，更多的社区口译类型和场合进入了研究者的视野，如电话口译、视频口译、自然口译（natural interpreting）、媒介口译（media interpreting）、网络口译（internet interpreting）等。多媒体和互联网技术的广泛应用，信息技术的日新月异也不断改变着译员的工作方式和环境，衍生了更多的研究课题。在理论和方法论层次上，也呈现出多元化趋势，社会互动语境中的话语分析视角、社会文化视角为社区口译研究注入了新的活力，并拓宽了其研究基础。

多元化总是和国际化齐头并进的，这体现在全球范围内越来越多的学校、学术科研机构、出版社、学术杂志、公共服务机构以及口译职业培训机构开始重视社区口译研究，大量高质量的研究成果出现，国际间的社区口译学术会议频繁召开。互联网的迅速发展又为全球范围内学术资源的分享、学术研究合作和交流提供了更为便捷的渠道。全球化趋势的另一个体现就是越来越多的亚洲国家开始出现在社区口译研究的舞台上。中国大陆、台湾和香港、韩国、日本、马来西亚等地的许多高校都定期举办口笔译国际研讨会，并出版了大量社区口译著作和论文，社区口译成了众多热点研究课题之一。亚洲社区口译行业的发展、译员培训数量的增加和跨文化交流意识的凸显带动了社区口译全球化的进程，使社区口译在语言研究、文化对比、话语分析、交际互动研究等方面具有更为突出的领先地位。

第二节　学科交叉融合

社区口译研究已经不再单纯地对双语进行规定性的描述（prescriptive approach）或者仍然固守着译员是"透明玻璃"（a pane of glass）或"黑盒子"（black box）等僵硬理论，社区口译职业和学术界已经深刻地认识到口译过程中的双语或者说译员表现根植或受制于社会、政治、文化、机构等一系列因素，这些因素影响着译员甚至所有参与者的微观和宏观语言和行为。社区口译工作场合的多样性又使其同时适用于多种学科理论的关照，如弗米尔和内达的功能主义论、图瑞的规范论等。社区口译研究者们将人类学、社会学、法律或医学的研究视角、成果和方法运用到了语言和互动交际的研究中，使今天的社区口译研究成为口译学科下充满生机活力的子学科（Ludvin，2006：33）。社区口译的研究也从以往狭隘地专注术语匹配、规定性质的培训和伦理规范灌输等转向更加宽泛和多样性的领域，包括：双语文化对比、描述性个案研究、不同政治和文化理念对译员的制约、不同口译场合对译员任务的理解和口译产出的制约、译员参与、译员话语协调、互动中的权力关系、不同社会文化变量影响下的译员角色等（Ibid，22）。

　　但是，作为一个规模较小且专业性强的子学科来说，未来的社区口译同其他人文学科一样还将继续通过借鉴其他学科的研究理论和方法来丰富自己。可以预见会有更多的会议口译研究者将视野投向社区口译，将口译研究的不同范式辩证地结合起来；研究手语翻译和口头语口译的学者之间的互动也将进一步加强，这不仅仅在社区口译这个领域里面，而且还会扩展到一些著名的会议口译研究机构和团体的成员；一些前沿的社区口译学者在保持并维护自身学科地位的同时，将进一步与非口译研究的专家建立起跨学科联系，如认知心理学、神经心理学、语言学、社会学等，并运用语言学、社会学、文化人类学等学科的思维方式、理论成果和研究方法对社区口译进行多角度、全方位的实证、解释性和描述性研究；更多的社区口译国际会议（如关键链接大会）将使人们更深入地认识到口译类型的多样性。学科的交叉研究将要进一步拓宽社区口译研究的维度，丰富其研究范围和内涵。

第三节　引领口译研究的社会转向

　　1990 年巴斯奈特和列菲维尔提出了"翻译研究的文化转向"（Bassnett and Lefevere，1990），提倡通过文化角度来思考翻译问题，并将翻译现象放在跨文化语境中分析研究。这一观点引起了一系列翻译思想的转变。口译研究者也为口译研究中质疑译员的隐身性、中立性等传统观念找到了理论支撑。2002 年克罗宁提出了"口译研究文化转向"（cultural turn in IS），他认为随着全球化的深入、移民潮、难民潮的增加以及旅游业的发展，口译应该关注语言交际中的文化领域，而不是以欧美发达国家为主要市场的会议口译。口译应该走出少数化和边缘化的会议口译圈子，转而关注在真实社会文化语境中权力、阶层、性别和种族等对口译过程的影响（Cronin，2002：386—397）。

随着社区口译——"近十年来最令人激动的事情"（Snell-Hornby，2006：116）——的兴起，口译研究迎来了发展的新纪元，波赫哈克称之为"社会转向"（going social or social turn）。口译研究从其核心模因"认知信息处理过程"（cognitive information processing）转向了"互动话语产出过程"（interactive discourse process），人际间的互动或者说"协调"模因也日益得到关注，特别是探讨在社会交际和文化语境中译员作为协调者的角色和权力（Pöchhacker，2008：38—39）。随着基于话语的对话式交际范式的兴起，越来越多的研究者开始关注社区口译活动，并将其视为特殊的话语交际实践，置放于社会文化场域里，作为一种关系社会、文化、机构和意识形态等因素的社会行为来加以全方位考察，并重新审视译员的社会角色和功能，因此口译研究领域里的"社会转向"正蔚然兴起（任文，2010：34—35）。如博洛尼亚大学卢德文教授所说，克罗宁所呼吁的"文化转向"早已率先发生在社区口译领域里，也许社区口译正在引领着主流口译研究进入一片新的领域，更充分地去理解语言作为社会、文化、制度和意识形态交流工具的复杂性，以及构成这些复杂性的众多变量，从而提高口译研究的质量、职业操作以及政策制定者的决策（Ludvin，2006：39）。

今天主流的口译研究仍然落后于笔译研究，很大的原因在于其仍然狭隘单一地关注语言的性质和转换。而着重交际互动和功能的社区口译研究范式从某种程度上已经超越了其母学科，创新的研究方法和范式不断促进着口译的社会化转型。社区口译研究的兴起带动着口译研究开始关注跨文化语言转换、言语和非言语交际以及以目标语和语境为中心的研究方法。不论是从认知角度还是方法论，社区口译研究已经或者还在深刻影响着口译研究未来的发展方向，也可以说，社区口译拓宽了口译研究的视野，推动着它转向社会和文化语境下更宏观的结构因素，从而不断丰富自身的学科内涵（Ibid，30）。

附录　社区口译职业伦理准则汇编

国际会议口译译员协会职业伦理准则

AIIC Code of Profesional Ethics[1]

International Association of Conference Interpreters （ AIIC ） - 2012 Version

I. Purpose and Scope

Article 1

1. This Code of Professional Ethics （ hereinafter called the "Code"） lays down the standards of integrity, professionalism and confidentiality which all members of the Association shall be bound to respect in their work as conference interpreters.

2. Candidates and precandidates shall also undertake to adhere to the provisions of this Code.

3. The Disciplinary and Disputes Committee, acting in accordance with the provisions of the Statutes, shall impose penalties for any breach of the rules of the profession as defined in this Code.

II. Code of Honour

Article 2

1. Members of the Association shall be bound by the strictest secrecy,

---

① http：//www. aiic. net.

which must be observed towards all persons and with regard to all information disclosed in the course of the practice of the profession at any gathering not open to the public.

2. Members shall refrain from deriving any personal gain whatsoever from confidential information they may have acquired in the exercise of their duties as conference interpreters.

Article 3

1. Members of the Association shall not accept any assignment for which they are not qualified. Acceptance of an assignment shall imply a moral undertaking on the member's part to work with all due professionalism.

2. Any member of the Association recruiting other conference interpreters, be they members of the Association or not, shall give the same undertaking.

3. Members of the Association shall not accept more than one assignment for the same period of time.

Article 4

1. Members of the Association shall not accept any job or situation which might detract from the dignity of the profession.

2. They shall refrain from any act which might bring the profession into disrepute.

Article 5

For any professional purpose, members may publicise the fact that they are conference interpreters and members of the Association, either as individuals or as part of any grouping or region to which they belong.

Article 6

1. It shall be the duty of members of the Association to afford their colleagues moral assistance and collegiality.

2. Members shall refrain from any utterance or action prejudicial to the interests of the Association or its members. Any complaint arising out of the conduct of any other member or any disagreement regarding any decision

taken by the Association shall be pursued and settled within the Association itself.

3. Any problem pertaining to the profession which arises between two or more members of the Association, including candidates and precandidates, may be referred to the Disciplinary and Disputes Committee for arbitration, except for disputes of a commercial nature.

III. Working Conditions

Article 7

With a view to ensuring the best quality interpretation, members of the Association:

1. shall endeavour always to secure satisfactory conditions of sound, visibility and comfort, having particular regard to the Professional Standards as adopted by the Association as well as any technical standards drawn up or approved by it;

2. shall not, as a general rule, when interpreting simultaneously in a booth, work either alone or without the availability of a colleague to relieve them should the need arise;

3. shall try to ensure that teams of conference interpreters are formed in such a way as to avoid the systematic use of relay;

4. shall not agree to undertake either simultaneous interpretation without a booth or whispered interpretation unless the circumstances are exceptional and the quality of interpretation work is not thereby impaired;

5. require a direct view of the speaker and the room and therefore will not agree to working from screens except in exceptional circumstances where a direct view is not possible, provided the arrangements comply with the Association's appropriate technical specifications and rules;

6. shall require that working documents and texts to be read out at the conference be sent to them in advance;

7. shall request a briefing session whenever appropriate;

8. shall not perform any other duties except that of conference interpreter at conferences for which they have been taken on as interpreters.

Article 8

Members of the Association shall neither accept nor, a fortiori, offer for themselves or for other conference interpreters recruited through them, be they members of the Association or not, any working conditions contrary to those laid down in this Code or in the Professional Standards.

IV. Amendment Procedure

Article 9

This Code may be modified by a decision of the Assembly taken with a two-thirds majority of votes cast and, if appropriate, after having sought a legal opinion on the proposals.

美国聋哑人协会和手语译员注册中心职业行为准则

NAD-RID CODE OF PROFESSIONAL CONDUCT①

National Association of the Deaf (NAD) and the Registry of Interpreters for the Deaf (RID) -2005 Version

Scope

The National Association of the Deaf (NAD) and the Registry of Interpreters for the Deaf, Inc. (RID) uphold high standards of professionalism and ethical conduct for interpreters. Embodied in this Code of Professional Conduct (formerly known as the Code of Ethics) are seven tenets setting forth guiding principles, followed by illustrative behaviors.

---

① http: //www. rid. org.

The tenets of this Code of Professional Conduct are to be viewed holistically and as a guide to professional behavior. This document provides assistance in complying with the code. The guiding principles offer the basis upon which the tenets are articulated. The illustrative behaviors are not exhaustive, but are indicative of the conduct that may either conform to or violate a specific tenet or the code as a whole.

When in doubt, the reader should refer to the explicit language of the tenet. If further clarification is needed, questions may be directed to the national office of the Registry of Interpreters for the Deaf, Inc.

This Code of Professional Conduct is sufficient to encompass interpreter roles and responsibilities in every type of situation (e. g., educational, legal, medical). A separate code for each area of interpreting is neither necessary nor advisable.

Philosophy

The American Deaf community represents a cultural and linguistic group having the inalienable right to full and equal communication and to participation in all aspects of society. Members of the American Deaf community have the right to informed choice and the highest quality interpreting services. Recognition of the communication rights of America's women, men, and children who are deaf is the foundation of the tenets, principles, and behaviors set forth in this Code of Professional Conduct.

Voting Protocol

This Code of Professional Conduct was presented through mail referendum to certified interpreters who are members in good standing with the Registry of Interpreters for the Deaf, Inc. and the National Association of the Deaf. The vote was to adopt or to reject.

Adoption of this Code of Professional Conduct

Interpreters who are members in good standing with the Registry of Interpreters for the Deaf, Inc. and the National Association of the Deaf voted to adopt this Code of Professional Conduct, effective July 1, 2005. This

Code of Professional Conduct is a working document that is expected to change over time. The aforementioned members may be called upon to vote, as may be needed from time to time, on the tenets of the code.

The guiding principles and the illustrative behaviors may change periodically to meet the needs and requirements of the RID Ethical Practices System. These sections of the Code of Professional Conduct will not require a vote of the members. However, members are encouraged to recommend changes for future updates.

Function of the Guiding Principles

It is the obligation of every interpreter to exercise judgment, employ critical thinking, apply the benefits of practical experience, and reflect on past actions in the practice of their profession. The guiding principles in this document represent the concepts of confidentiality, linguistic and professional competence, impartiality, professional growth and development, ethical business practices, and the rights of participants in interpreted situations to informed choice. The driving force behind the guiding principles is the notion that the interpreter will do no harm.

When applying these principles to their conduct, interpreters remember that their choices are governed by a "reasonable interpreter" standard. This standard represents the hypothetical interpreter who is appropriately educated, informed, capable, aware of professional standards, and fair-minded.

CODE OF PROFESSIONAL CONDUCT

Tenets

1. Interpreters adhere to standards of confidential communication.

2. Interpreters possess the professional skills and knowledge required for the specific interpreting situation.

3. Interpreters conduct themselves in a manner appropriate to the specific interpreting situation.

4. Interpreters demonstrate respect for consumers.

5. Interpreters demonstrate respect for colleagues, interns, and students of the profession.

6. Interpreters maintain ethical business practices.

7. Interpreters engage in professional development.

Applicability

A. This Code of Professional Conduct applies to certified and associate members of the Registry of Interpreters for the Deaf, Inc. , Certified members of the National Association of the Deaf, interns, and students of the profession.

B. Federal, state or other statutes or regulations may supersede this Code of Professional Conduct. When there is a conflict between this code and local, state, or federal laws and regulations, the interpreter obeys the rule of law.

C. This Code of Professional Conduct applies to interpreted situations that are performed either face-to-face or remotely.

Definitions

For the purpose of this document, the following terms are used:

Colleagues: Other interpreters.

Conflict of Interest: A conflict between the private interests (personal, financial, or professional) and the official or professional responsibilities of an interpreter in a position of trust, whether actual or perceived, deriving from a specific interpreting situation.

Consumers: Individuals and entities who are part of the interpreted situation. This includes individuals who are deaf, deaf-blind, hard of hearing, and hearing.

1.0 CONFIDENTIALITY

Tenet: Interpreters adhere to standards of confidential communication.

Guiding Principle: Interpreters hold a position of trust in their role as linguistic and cultural facilitators of communication. Confidentiality is highly valued by consumers and is essential to protecting all involved.

Each interpreting situation (e. g. , elementary, secondary, and post-secondary education, legal, medical, mental health) has a standard of confidentiality. Under the reasonable interpreter standard, professional interpreters are expected to know the general requirements and applicability of various levels of confidentiality. Exceptions to confidentiality include, for example, federal and state laws requiring mandatory reporting of abuse or threats of suicide, or responding to subpoenas.

Illustrative Behavior-Interpreters:

1. 1   Share assignment-related information only on a confidential and "as-needed" basis (e. g. , supervisors, interpreter team members, members of the educational team, hiring entities).

1. 2   Manage data, invoices, records, or other situational or consumer-specific information in a manner consistent with maintaining consumer confidentiality (e. g. , shredding, locked files).

1. 3   Inform consumers when federal or state mandates require disclosure of confidential information.

2.0   PROFESSIONALISM

Tenet: Interpreters possess the professional skills and knowledge required for the specific interpreting situation.

Guiding Principle: Interpreters are expected to stay abreast of evolving language use and trends in the profession of interpreting as well as in the American Deaf community.

Interpreters accept assignments using discretion with regard to skill, communication mode, setting, and consumer needs. Interpreters possess knowledge of American Deaf culture and deafness-related resources.

Illustrative Behavior-Interpreters:

2. 1   Provide service delivery regardless of race, color, national origin, gender, religion, age, disability, sexual orientation, or any other

factor.

2. 2   Assess consumer needs and the interpreting situation before and during the assignment and make adjustments as needed.

2. 3   Render the message faithfully by conveying the content and spirit of what is being communicated, using language most readily understood by consumers, and correcting errors discreetly and expeditiously.

2. 4   Request support (e. g. , certified deaf interpreters, team members, language facilitators) when needed to fully convey the message or to address exceptional communication challenges (e. g. cognitive disabilities, foreign sign language, emerging language ability, or lack of formal instruction or language) .

2. 5   Refrain from providing counsel, advice, or personal opinions.

2. 6   Judiciously provide information or referral regarding available interpreting or community resources without infringing upon consumers'rights.

3.0   CONDUCT

Tenet: Interpreters conduct themselves in a manner appropriate to the specific interpreting situation.

Guiding Principle: Interpreters are expected to present themselves appropriately in demeanor and appearance. They avoid situations that result in conflicting roles or perceived or actual conflicts of interest.

Illustrative Behavior-Interpreters:

3. 1   Consult with appropriate persons regarding the interpreting situation to determine issues such as placement and adaptations necessary to interpret effectively.

3. 2   Decline assignments or withdraw from the interpreting profession when not competent due to physical, mental, or emotional factors.

3. 3   Avoid performing dual or conflicting roles in interdisciplinary (e. g. educational or mental health teams) or other settings.

3. 4   Comply with established workplace codes of conduct, notify ap-

propriate personnel if there is a conflict with this Code of Professional Conduct, and actively seek resolution where warranted.

3.5　Conduct and present themselves in an unobtrusive manner and exercise care in choice of attire.

3.6　Refrain from the use of mind-altering substances before or during the performance of duties.

3.7　Disclose to parties involved any actual or perceived conflicts of interest.

3.8　Avoid actual or perceived conflicts of interest that might cause harm or interfere with the effectiveness of interpreting services.

3.9　Refrain from using confidential interpreted information for personal, monetary, or professional gain.

3.10　Refrain from using confidential interpreted information for the benefit of personal or professional affiliations or entities.

4.0　RESPECT FOR CONSUMERS

Tenet: Interpreters demonstrate respect for consumers.

Guiding Principle: Interpreters are expected to honor consumer preferences in selection of interpreters and interpreting dynamics, while recognizing the realities of qualifications, availability, and situation.

Illustrative Behavior-Interpreters:

4.1　Consider consumer requests or needs regarding language preferences, and render the message accordingly (interpreted or transliterated).

4.2　Approach consumers with a professional demeanor at all times.

4.3　Obtain the consent of consumers before bringing an intern to an assignment.

4.4　Facilitate communication access and equality, and support the full interaction and independence of consumers.

5.0   RESPECT FOR COLLEAGUES

Tenet: Interpreters demonstrate respect for colleagues, interns and students of the profession.

Guiding Principle: Interpreters are expected to collaborate with colleagues to foster the delivery of effective interpreting services. They also understand that the manner in which they relate to colleagues reflects upon the profession in general.

Illustrative Behavior-Interpreters:

5.1   Maintain civility toward colleagues, interns, and students.

5.2   Work cooperatively with team members through consultation before assignments regarding logistics, providing professional and courteous assistance when asked and monitoring the accuracy of the message while functioning in the role of the support interpreter.

5.3   Approach colleagues privately to discuss and resolve breaches of ethical or professional conduct through standard conflict resolution methods; file a formal grievance only after such attempts have been unsuccessful or the breaches are harmful or habitual.

5.4   Assist and encourage colleagues by sharing information and serving as mentors when appropriate.

5.5   Obtain the consent of colleagues before bringing an intern to an assignment.

6.0   BUSINESS PRACTICES

Tenet: Interpreters maintain ethical business practices.

Guiding Principle: Interpreters are expected to conduct their business in a professional manner whether in private practice or in the employ of an agency or other entity. Professional interpreters are entitled to a living wage based on their qualifications and expertise. Interpreters are also entitled to working conditions conducive to effective service delivery.

Illustrative Behavior-Interpreters:

6. 1　Accurately represent qualifications, such as certification, educational background, and experience, and provide documentation when requested.

6. 2　Honor professional commitments and terminate assignments only when fair and justifiable grounds exist.

6. 3　Promote conditions that are conducive to effective communication, inform the parties involved if such conditions do not exist, and seek appropriate remedies.

6. 4　Inform appropriate parties in a timely manner when delayed or unable to fulfill assignments.

6. 5　Reserve the option to decline or discontinue assignments if working conditions are not safe, healthy, or conducive to interpreting.

6. 6　Refrain from harassment or coercion before, during, or after the provision of interpreting services.

6. 7　Render pro bono services in a fair and reasonable manner.

6. 8　Charge fair and reasonable fees for the performance of interpreting services and arrange for payment in a professional and judicious manner.

7.0　PROFESSIONAL DEVELOPMENT

Tenet: Interpreters engage in professional development.

Guiding Principle: Interpreters are expected to foster and maintain interpreting competence and the stature of the profession through ongoing development of knowledge and skills.

Illustrative Behavior-Interpreters:

7. 1　Increase knowledge and strengthen skills through activities such as:

　　* pursuing higher education;

　　* attending workshops and conferences;

* seeking mentoring and supervision opportunities;

* participating in community events; and

* engaging in independent studies.

7.2 Keep abreast of laws, policies, rules, and regulations that affect the profession.

澳大利亚口笔译职业协会伦理准则（总则）

AUSIT Code of Ethics and Code of Conduct (General Principles)[①]

November 2012

GENERAL PRINCIPLES

1. PROFESSIONAL CONDUCT

Interpreters and translators act at all times in accordance with the standards of conduct and decorum appropriate to the aims of AUSIT, the national professional association of interpreting and translation practitioners.

Explanation: Interpreters and translators take responsibility for their work and conduct; they are committed to providing quality service in a respectful and culturally sensitive manner, dealing honestly and fairly with other parties and colleagues, and dealing honestly in all business practices. They disclose any conflict of interest or any matter that may compromise their impartiality. They observe common professional ethics of diligence and responsiveness to the needs of other participants in their work.

---

① http://www.ausit.org

2. CONFIDENTIALITY

Interpreters and translators maintain confidentiality and do not disclose information acquired in the course of their work.

Explanation: Interpreters and translators are bound by strict rules of confidentiality, as are the persons they work with in professional or business fields.

3. COMPETENCE

Interpreters and translators only undertake work they are competent to perform in the languages for which they are professionally qualified through training and credentials.

Explanation: In order to practise, interpreters and translators need to have particular levels of expertise for particular types of work. Those who work with interpreters and translators are entitled to expect that they are working with appropriately qualified practitioners. Practitioners always represent their credentials honestly. Where formal training or accreditation is not available (e. g. in less frequently used language combinations and new and emerging languages), practitioners have an obligation to increase and maintain skills through their own professional development (see Principle 8 below) or request employers, agencies or institutions to provide it.

4. IMPARTIALITY

Interpreters and translators observe impartiality in all professional contacts. Interpreters remain unbiased throughout the communication exchanged between the participants in any interpreted encounter. Translators do not show bias towards either the author of the source text or the intended readers of their translation.

Explanation: Interpreters and translators play an important role in facilitating parties who do not share a common language to communicate effectively with each other. They aim to ensure that the full intent of the communication is conveyed. Interpreters and translators are not responsible for what the parties communicate, only for complete and accurate transfer of the message. They do not allow bias to influence their performance; likewise they do not soften, strengthen or alter the messages being conveyed.

5. ACCURACY

Interpreters and translators use their best professional judgement in remaining faithful at all times to the meaning of texts and messages.

Explanation: Accuracy for the purpose of this Code means optimal and complete message transfer into the target language preserving the content and intent of the source message or text without omission or distortion.

6. CLARITY OF ROLE BOUNDARIES

Interpreters and translators maintain clear boundaries between their task as facilitators of communication through message transfer and any tasks that may be undertaken by other parties involved in the assignment.

Explanation: The focus of interpreters and translators is on message transfer. Practitioners do not, in the course of their interpreting or translation duties, engage in other tasks such as advocacy, guidance or advice. Even where such other tasks are mandated by particular employment arrangements, practitioners insist that a clear demarcation is agreed on between interpreting and translating and other tasks. For this purpose, interpreters and translators will, where the situation requires it, provide an explanation of their role in line with the principles of this Code.

7. MAINTAINING PROFESSIONAL RELATIONSHIPS

Interpreters and translators are responsible for the quality of their work, whether as employees, freelance practitioners or contractors with interpreting and translation agencies. They always endeavour to secure satisfactory working conditions for the performance of their duties, including physical facilities, appropriate briefing, a clear commission, and clear conduct protocols where needed in specific institutional settings. They ensure that they have allocated adequate time to complete their work; they foster a mutually respectful business relationship with the people with whom they work and encourage them to become familiar with the interpreter or translator role.

Explanation: Interpreters and translators work in a variety of settings with specific institutional demands and a wide range of professional and business contexts. Some settings involve strict protocols where the interpreter or translator is a totally independent party, while others are marked by cooperation and shared responsibilities. Interpreters and translators must be familiar with these contexts, and endeavour to have the people they work with understand their role. For practitioners who work through agencies, the agency providing them with the work is one of their clients, and practitioners maintain the same professional standards when working with them as when working with individual clients. At the same time agencies must have appropriate and fair procedures in place that recognise and foster the professionalism of interpreting and translating practitioners.

8. PROFESSIONAL DEVELOPMENT

Interpreters and translators continue to develop their professional knowledge and skills.

Explanation: Practitioners commit themselves to lifelong learning, recognising that individuals, services and practices evolve and change over time. They continually upgrade their language and transfer skills and their contextual and cultural understanding. They keep up to date with the technological advances pertinent to their practice in order to continue to provide quality service. Practitioners working in languages where there is no standard training or credential may need to assess, maintain and update their standards independently

9. PROFESSIONAL SOLIDARITY

Interpreters and translators respect and support their fellow professionals, and they uphold the reputation and trustworthiness of the profession of interpreting and translating.

Explanation: Practitioners have a loyalty to the profession that extends beyond their individual interest. They support and further the interests of the profession and their colleagues and offer each other assistance.

英国公共服务译员行为准则

CODE OF PROFESSIONAL CONDUCT[①]

National Register of Public Service Interpreters in the United Kingdom
(NRPSI)

01 December 2011

PREAMBLE

The Code set out below is intended to regulate the professional conduct of members of the registrants on the National Register of Public Service Interpreters. The Code comes into effect on 01 December 2011. The Code will remain in force until amended or abrogated by the Board of NRPSI.

1.0　Definitions

1.1　"NRPSI" means the company that maintains and operates the National Register of Public Service Interpreters.

1.2　A "Practitioner" is a person defined in 2.1 carrying out work in a professional capacity.

1.3　A "Principal" is the person or body from whom a Practitioner accepts work.

1.4　The term "work" means either activity in a professional capacity as an interpreter or translator or the product of that activity. The interpretation of the term will be determined by the context.

1.5　The "Code" means this Code of Professional Conduct or the

---

① http://www.nrpsi.co.uk/.

Code for the time being in force.

1. 6 A "Public Service Interpreter" means an interpreter who works in the context of public services, such as the legal profession, health services and local government related services, which include housing, education, welfare, environmental health and social services.

1. 7 A "registrant" means a person registered on the National Register of Public Service Interpreters.

2.0 General Framework

2. 1 The Code shall apply to registrants on the National Register of Public Service Interpreters maintained by NRPSI, in regard to their duties, responsibilities and conduct as registrants on the National Register of Public Service Interpreters.

2. 2 The Code prescribes standards of professional conduct that must be adhered to in order to:

 * maintain the integrity of the profession, and

 * provide assurance of professional standards to users of language services and to the public at large.

2. 3 Alleged contraventions of the Code will be addressed through the disciplinary procedures applicable. Not every alleged shortcoming on the part of a Practitioner will necessarily give rise to disciplinary proceedings.

2. 4 The Code may be supported by Guides to Good Practice and operating guidelines for specialist areas of practice issued from time to time by NRPSI.

3.0 Over-arching Principles

3. 1 Practitioners, in recognition of their responsibility to society, their clients, their colleagues and the professional bodies of which they are members, shall always act with integrity and in accordance with the high standards appropriate to practitioners within the profession.

3.2　Practitioners shall not bring the status of NRPSI or the National Register of Public Service Interpreters or the profession generally into disrepute by conducting themselves in a manner at variance with the high standards expected of a professional person.

3.3　Practitioners found guilty of a relevant criminal offence may be deemed to be in breach of the principle set out in 3.2. Practitioners have a duty to report any unspent conviction (as defined by the Rehabilitation of Offenders Act 1974) to NRPSI, according to the Practitioner's registration. NRPSI will act in accordance with its disciplinary procedures to determine, having regard to all the circumstances, what action (if any) shall be taken.

3.4　Practitioners shall not knowingly or negligently act in a way that is likely to be detrimental to the profession of linguist, to NRPSI or to the status of registrant on the National Register of Public Service Interpreters, or to the officers of NRPSI. This clause shall not preclude or prohibit the lawful exercise of the right to free expression and reasonable debate.

3.5　Except in fulfilment of a definable professional duty or where there is a clear public interest, Practitioners shall not knowingly and wilfully act in a way that is likely to damage the reputation of a registrant on the National Register of Public Service Interpreters or an officer of NRPSI. This clause, shall, however, not preclude or prohibit the lawful exercise of the right to free expression and reasonable debate.

3.6　Practitioners shall not accept or carry out work which they believe might render them liable to prosecution for criminal behaviour, which might incur civil liability or which contravenes the United Nations Universal Declaration of Human Rights.

3.7　Practitioners shall not accept any work which would, directly or indirectly, infringe the Code, and shall not knowingly act in contravention of the Code, even if asked or instructed to do so by a Principal.

3.8　Practitioners shall only accept work which they believe they have the competence both linguistically and in terms of specialist knowledge or skill to carry out to the standard required by the client, unless they are to sub-contract the work under the terms of 4. 6 or they are informed that their work will be revised by a person with the competence required to ensure that the work will satisfy the standards set out in this Code.

3. 9 The competence to carry out a particular assignment shall include: a sufficiently advanced and idiomatic command of the languages concerned, with awareness of dialects and other linguistic variations that may be relevant to a particular commission of work; the particular specialist skills required; and, where appropriate, an adequate level of awareness of relevant cultural and political realities in relation to the country or countries concerned.

3. 10 Practitioners shall disclose any potential conflict of interest or other factor which may make it inappropriate for them to accept work in a particular case.

3. 11 Subject to 3. 13, Practitioners shall treat as confidential any information they acquire through a commission of work. They shall not disclose such information to a third party unless instructed by the Principal to do so, and provided that such disclosure would not be unlawful or infringe the rights of any party concerned. Such information may include, for example, working practices and lists of clients.

3. 12 Practitioners shall at all times act impartially and shall not act in any way that might result in prejudice or preference on grounds of religion or belief, race, politics, gender, age, sexual orientation or disability otherwise than as obliged in order to faithfully translate, interpret or otherwise transfer meaning .

3. 13 Practitioners shall respect confidentiality at all times and shall not seek to take advantage of information acquired during or as a result of their work. The duty of confidentiality shall not terminate on the completion of a commission of work and shall persist, where appropriate, beyond the

cessation of registration as in 2. 1.

3. 14   The duty of confidentiality shall not apply where disclosure is required by law.

3. 15   Except as described under 5. 7 , Practitioners are solely responsible for work whether it is carried out by the Practitioner or delegated or sub-contracted.

3. 16   Practitioners must respond to any complaints forwarded to them by NRPSI and assist the Professional Conduct Committee and Disciplinary Committee in their investigation

4.0   Obligations to Principals

4. 1   Practitioners shall at all times strive to produce work of the highest standard, and shall ensure that the Principal is aware of any factor that may affect the standard of the work produced.

4. 2   Practitioners are obliged (3. 12 above) to carry out all work contracted to them with impartiality and shall immediately disclose to the Principal any factor which might jeopardise such impartiality. This shall include any financial or other interest they may have in the work contracted to them.

4. 3   Practitioners are obliged (3. 13 above) to treat work contracted to them with complete confidentiality and shall use their best endeavours to ensure that such confidentiality is also observed by others, whether checkers, revisers, editors or any other individuals employed by the Practitioner on a permanent or freelance basis or to whom work has been sub-contracted or delegated.

4. 4   Practitioners shall carry out any consultation that may be necessary (for example on language or terminological difficulties) in a manner such that confidentiality is safeguarded.

4. 5   Practitioners shall not sub-contract work without the prior consent of the Principal.

4. 6   Practitioners shall only sub-contract or delegate work to another

person whom they have good reason to believe has the necessary competence and is subject to this Code or a comparable code of professional conduct.

4. 7   Practitioners shall endeavour to carry out work by agreed dates and in accordance with other agreed terms, and shall advise Principals in good time of any delay or need to amend the agreed terms.

4. 8   Practitioners shall not, other than in exceptional circumstances, withdraw from or fail to complete a commission of work once accepted, without reasonable notice to the Principal.

5.0   Interpreting

5. 1   Practitioners who are carrying out work as interpreters shall only carry out work which they believe is within their linguistic and relevant specialist competence.

5. 2   Practitioners shall, other than in exceptional circumstances, only interpret between the language (s) for which they are registered with NRPSI.

5. 3   Notwithstanding the provisions of 5. 2, if a Principal requests that the Practitioner interpret between languages in which the Practitioner is competent at the required level but which are not registered as in 5. 2, the Practitioner may proceed provided that the conditions of 5. 1 are satisfied and that the Principal has been made aware of the potential disadvantages of proceeding in disregard of the principle expressed in 5. 2.

5. 4   Practitioners shall interpret truly and faithfully what is uttered, without adding, omitting or changing anything; in exceptional circumstances a summary may be given if requested.

5. 5   Practitioners shall ensure that they understand the relevant procedures of the professional context in which they are working, including any special terminology.

5. 6   Where the Practitioner's lack of relevant background knowledge is such as to impair significantly his or her ability to carry out the commission

of work, he or she shall inform all relevant parties and withdraw.

5. 7　Practitioners shall disclose any difficulties encountered with dialects or technical terms and, if these cannot be satisfactorily remedied, withdraw from the commission of work.

5. 8　Practitioners shall observe any special rules and protocols relating to interpreting in the professional context relevant to a particular commission of work.

5. 9　Practitioners carrying out work as Public Service Interpreters, or in other contexts where the requirement for neutrality between parties is absolute, shall not enter into discussion, give advice or express opinions or reactions to any of the parties that exceed their duties as interpreters; Practitioners working in other contexts may provide additional information or explanation when requested, and with the agreement of all parties, provided that such additional information or explanation does not contravene the principles expressed in 5. 4.

5. 10　Practitioners shall, in advance where practicable, seek to ensure that the necessary conditions for effective interpreting are provided (e. g. being seated where they can see and be heard clearly; provision for adequate breaks, etc) . Where this is not the case the interpreter shall make it known to the parties concerned and, where the deficiency is likely to be a serious impediment to effective interpreting, shall withdraw from the commission of work.

5. 11　When a Practitioner withdraws from a commission of work in the circumstances described in the clauses above, and where the Practitioner has been commissioned by a Principal, the Practitioner shall inform the Principal of the withdrawal, and the reasons for it, in writing, as soon as possible.

5. 12　Practitioners shall not interrupt, pause or intervene except:

5. 12. 1　to ask for clarification;

5. 12. 2　to point out that one party may not have understood something

which the interpreter has good reason to believe has been assumed by the other party;

5.12.3　to alert the parties to a possible missed cultural reference or inference; or

5.12.4　to signal a condition or factor which might impair the interpreting process (such as inadequate seating, poor sight-lines or audibility, inadequate breaks etc.) .

5.13　Practitioners shall not delegate work, nor accept delegated work, without the full and informed consent of the Principal; where practicable such consent should be in writing.

5.14　When working in the legal system, disclose to the Principal at the outset any previous involvement in the same matter;

5.14.1　disclose immediately if the interviewee or their immediate family is known or related to the Practitioner;

5.14.2　refer the Principal, or their clients as applicable, back to the NRPSI, should they be unable to accept an engagement or commission of work, or complete a commitment; the Practitioner shall inform the Principal, either direct or through the client; where practicable such notification should be in writing;

5.14.3　not accept any form of inducement or reward, whether in cash or otherwise, for interpreting work other than payment from the Principal.

6.0　Translation

6.1　Practitioners who are carrying out work as translators shall only carry out work which they believe is within their linguistic and relevant specialist competence, or which is to be checked by someone with the relevant knowledge or competence.

6.2　Practitioners shall, other than in exceptional circumstances, only translate between the languages for which they are registered with NRPSI.

6. 3   Notwithstanding the provisions of 6. 2, if a Principal requests that the Practitioner translate out of a language in which the Practitioner is competent at the required level but which is not registered as in 6. 2, or if a Principal requests that the Practitioner translate out of his or her language of habitual use (as may occur if the Principal believes that a mother-tongue translator will have a better understanding of the text), the Practitioner may proceed provided that the conditions of 6. 1 are satisfied and that the Principal has been made aware of the potential disadvantages of proceeding in disregard of the principle expressed in 6. 2.

6. 4   Practitioners shall to the best of their ability render a faithful translation of the source text. This shall apply to both meaning and register except where a literal rendering or a summary is specifically required by the Principal.

6. 5   Practitioners shall use their best endeavours and judgement to draw it to the attention of the Principal by appropriate means when the source text contains elements that need to be taken into account in carrying out the translation, such as ambiguities, factual inaccuracies, linguistic errors, imprecise terminology or language that in the judgement of the Practitioner expresses prejudice with reference to generally accepted anti-discrimination norms.

6. 6   Practitioners shall not make any direct contact with a client or clients of a Principal without the Principal's express agreement.

6. 7   If a Practitioner discovers at any stage that changes have been made to the final text of his or her translation without prior agreement, he or she shall inform all interested parties that he or she is no longer responsible for the text in the terms of 3. 15.

参 考 文 献

英文书目

Alexieva, B. A Typology of Interpreter-mediated Events. In F. Pöchhacker & M. Shlesinger (eds.) *The Interpreting Studies Reader*. London and New York: Routledge, 2002.

Anderson, R. B. W. Perspectives on the Role of Interpreter. In F. Pöchhacker & M. Shlesinger (eds.) *The Interpreting Studies Reader*. London and New York: Routledge, 2002.

Angelelli, Claudia. The Interpersonal Role of the Interpreter in Cross-cultural Communication: A Survey of Conference, Court and Medical Interpreters in the US, Canada and Mexico. In Brunette, L., Bastin, G., Hemlin, I. and Clarke, H. (eds.) *The Critical Link* 3: *Interpreters in the Community*. Amsterdam/Philadelphia: John Benjamins, 2003.

Angelelli, Claudia. *Medical Interpreting and Cross-cultural Communication*. Cambridge: Cambridge University Press, 2004.

Angelelli, Claudia. Niels Agger-Gupta, Carola E. Green and Linda Okahara, The California Standards for Healthcare Interpreters Ethical principles, protocols and guidance on roles and intervention. In Wadensjö Cecilia, Birgitta Englund Dimitrova and Anna-Lena Nilsson (eds.) *The Critical Link* 4: *Professionalisation of interpreting in the community. Selected papers from the 4th International Conference on Interpreting in Legal, Health and Social Service Settings, Stockholm, Sweden, 20—23 May* 2004. Amsterdam/Philadelphia: John Benjamins, 2007.

Athorp, C. and Downing, B. Modes of Doctor-patient Communication: How Interpreter Roles Influence Discourse. Paper presented at the 1996

Annual Conference of the American Association for Applied Linguistics, Chicago, 1996.

Atkinson, J. M. and Drew, P. Order in Court: *The Organization of Verbal Interaction in Judicial Settings*. New York: MacMillan, 1979.

Baker, D. *Language Testing. A Critical Survey and Practical Guide* . London: Edward Arnold, 1989.

Baistow, K. *The Emotional and Psychological Impact of Community Interpreting* . London: Babelea, 2000.

Barsky Robert F. *Constructing a Productive Other*: *Discourse Theory and the Convention Refugee Hearing* . Amsterdam/Philadelphia: John Benjamins, 1994.

Bassnett, Susan & Lefevere, Andre (eds.) *Translation*, *History and Culture*. New York: Cassell, 1990.

Beppie van den Bogerde. Interpreter Training From Scratch. In Wadensjö Cecilia, Birgitta Englund Dimitrova and Anna-Lena Nilsson (eds.) *The Critical Link* 4: *Professionalisation of interpreting in the community. Selected papers from the* 4*th International Conference on Interpreting in Legal*, *Health and Social Service Settings*, *Stockholm*, *Sweden*, 20—23 *May* 2004. Amsterdam/Philadelphia: John Benjamins, 2007.

Berk-Seligson, Susan. The Impact of Politeness in Witness Testimony: The Influence of the Court Interpreter. *Multilingua* . 1988, 7 (4).

Berk-Seligson, Susan. The Role of Register in the Bilingual Courtroom: Evaluative Reactions to Interpreted Testimony. *International Journal of the Sociology of Language*. 1989, 79.

Berk-Seligson, Susan. *The Bilingual Courtroom*: *Court Interpreters in the Judicial Process* . Chicago: Chicago University Press, 1990.

Berk-Seligson, Susan. Interpreting for the Police: Issues in Pre-trial Phases of the Judicial Process. *Forensic Linguistics*. 2000, 7 (2).

Benmaman, V. Legal Interpreting by Any Other Name Is Still Legal Interpreting. In S. E. Carr, R. Roberts, A. Dufour and D. Steyn (eds.)

The Critical Link: *Interpreters in the Community.* Amsterdam/Philadelphia: John Benjamins, 1997.

Benmaman, V. Bilingual Legal Interpreter Education. *Forensic Linguistics.* 1999, 6 (1).

Black, P. & William, D. Inside the Black Box: Raising Standards through Classroom Assessment. *Phi Beta Kappan.* 1998, 80 (2).

Blignault, Ilse. Maria Stephanou and Cassndra Barrett. Achieving Quality in Heath Care Interpreting: Insights from Interpreters. In Sandra Beatriz Hale, Uldis Ozolins and Ludmila Stern (eds.) *The Critical Link* 5: *Quality in Interpreting-A Shared Responsibility.* Amsterdam/Philadelphia: John Benjamins, 2009.

Bolden, G. Toward Understanding Practices of Medical Interpreting: Interpreters'Involvement in History Taking. *Discourse Studies.* 2000, 2 (4): 387—419.

Bot Hanneke. The Myth of the Uninvolved Interpreter Interpreting in Mental Health and the Development of a Three-person Psychology. In Brunette, L., Bastin, G., Hemlin, I. and Clarke, H. (eds.) *The Critical Link* 3, *Interpreters in the Community.* Amsterdam/Philadelphia: John Benjamins, 2003.

Bowen, M., Bowen, D., Kaufmann, F., & Kurz, I. Interpreters and the Making of History. In J. Delisle & J. Woodsworth (eds.), *Translators through history.* Philadelphia: Benjamins, 1995.

Brennan, M. Signs of Injustice. *The Translator.* 1999, 5 (2).

Bruner, J. *Towards a Theory of Instruction*. Cambridge, Massachusetts: The Belknap Press of Harvard University Press, 1966.

Buhler H. Linguistic (Semantic) and Extra-linguistic (Pragmatic) Criteria for the Evaluation of Conference Interpretation and Interpreters. *Multilingual.* 1986, 5 (4).

Byrne, P. and Long, B. *Doctors Talking to Patients*. London: Her Majesty's Stationery Office, 1976.

Cairncross, Larissa. Cultural Interpreter Training Manual . Toronto, Canada: Ministry of Citizenship and Culture, 1989.

Carr, S. E. and Steyn, D. Distance Education Training for Interpreters: An Insurmountable Oxymoron?. In R. Roberts, S. E. Carr, D. Abraham and A. Dufour (eds.) *The Critical Link* 2: *Interpreters in the Community. Selected Papers from the Second International Conference on Interpreting in Legal, Health and Social Service Settings*. Amsterdam/Philadelphia: John Benjamins, 2000.

Cambridge, J. Information Loss in Bilingual Medical Interviews through An Untrained Interpreter. *Translator*. 1999.

Cambridge, J. (2004). Public Service Interpreting: Practice and Scope for Research. In C. Schäffer (ed.) *Translation Research and Interpreting Research: Traditions, Gaps and Synergies*. Clevedon, Buffalo and Toronto: Multilingual Matters, 2004.

Chesher Terry *et al*. Community-Based Interpreting. In Brunette, L., Bastin, G., Hemlin, I. and Clarke, H. (eds.) *The Critical Link* 3, *Interpreters in the Community*. Amsterdam/Philadelphia: John Benjamins, 2003.

Cicourel, A. The Interaction of Cognitive and Cultural Models in Healthcare Delivery. In S. Sarangi and C. Roberts (eds.) *Talk, Work and Institutional Order*. Berlin and New York: Mouton de Gruyter, 1999.

Cokely, D. *Interpretation: A Sociolinguistic Model* . Burtonsville, MD: Linstok Press, 1992.

Cokely, D. Exploring Ethics: A Case for Revising the Code of Ethics. *Journal of Interpretation*. 2000.

Conley, J. and O'Barr, W. M. *Rules versus Relationships: The Ethnography of Legal Discourse* . Chicago and London: The University of Chicago Press, 1990.

Cooke, Michael S. Interpreter Ethics Versus Customary Law: Quality and Compromise in Aboriginal Languages Interpreting. In Sandra Beatriz

Hale, Uldis Ozolins and Ludmila Stern (eds.) *The Critical Link* 5: *Quality in Interpreting-A Shared Responsibility*. Amsterdam/Philadelphia: John Benjamins, 2009.

Cordella, M. *The Dynamic Consultation: A Discourse Analytical Study of Doctor-Patient Communication* . Amsterdam and Philadelphia: John Benjamins, 2004.

Corsellis Ann. Training Needs of Public Personnel Working with Interpreters. In S. E. Carr, R. Roberts, A. Dufour and D. Steyn (eds.) *The Critical Link: Interpreters in the Community*. Amsterdam/Philadelphia: John Benjamins, 1997.

Corsellis, Ann. Training Interpreters to Work in the Public Services. In M. Tennent (ed.) *Training for the New Millennium*. Amsterdam and Philadelphia: John Benjamins, 2005.

Corsellis Ann. *Public Service Interpreting: The First Steps* . Palgrave Macmillan, 2008.

Cronin, M. The Empire Talks Back: Orality, Heteronomy and the Cultural Turn in Interpreting Studies. In Franz Pöchhacker & Miriam Shlesinger (eds.) *The Interpreting Studies Reader*. London: Routledge, 2002.

Davidson, B. The interpreter as Institutional Gatekeeper: The Social-linguistic Role of Interpreters in Spanish-English Medical Discourse. *Journal of Sociolinguistics*. 2000, 4 (3).

Davies, B. and Harré, R. Positioning: The Discursive Production of Selves. *Journal for the Theory of Social Behavior*. 1990, 20 (1).

Dueñas González, R. , Vásquez, V. and Mikkelson, H. *Fundamentals of Court Interpretation* . North Carolina: Carolina Academic Press, 1991.

Englund Dimitrova. B. Degree of Interpreter Responsibility in the Interaction Process in Community Interpreting. In S. Carr, R. Roberts, A. Dufour and D. Steyn (eds.) *The Critical Link: Interpreters in the Community*. Amsterdam and Philadelphia: John Benjamins, 1997.

Erasmus, M. Community Interpreting in South Africa: Current Trends and

Future Prospects. In R. Roberts, S. E. Carr, D. Abraham and A. Dufour (eds.) *The Critical Link* 2: *Interpreters in the Community. Selected Papers from the Second International Conference on Interpreting in Legal, Health and Social Service Settings*. Amsterdam/Philadelphia: John Benjamins, 2000.

Fairclough, N. *Language and Power*. London and New York: Longman, 1989.

Fairclough, N. *Discourse and Social Change*. Oxford: Polity Press, 1992.

Fenton, S. Interpreting in New Zealand: An Emerging Profession. *Journal of Interpretation*. 1993, 6.

Fenton, S. The Role of the Interpreter in the Adversarial Courtroom. In S. E. Carr, R. Roberts, A. Dufour and D. Steyn (eds.) *The Critical Link: Interpreters in the Community*. Amsterdam/Philadelphia: John Benjamins, 1997.

Foley, Tony. Lawyers and Legal Interpreters: Different Clients, Different Culture. *Interpreting*. 2006, 8 (1).

Fowler, Yvonne. The Courtroom Interpreter: Paragon and Intruder?. In S. E. Carr, R. Roberts, A. Dufour and D. Steyn (eds.) *The Critical Link: Interpreters in the Community*. Amsterdam/Philadelphia: John Benjamins, 1997.

Fowler, Yvonne. Formative Assessment: Using Peer and Self-Assessment in Interpreter Training. In Wadensjö Cecilia, Birgitta Englund Dimitrova and Anna-Lena Nilsson (eds.) *The Critical Link* 4: *Professionalisation of interpreting in the community. Selected papers from the 4th International Conference on Interpreting in Legal, Health and Social Service Settings, Stockholm, Sweden, 20—23 May 2004*. Amsterdam/Philadelphia: John Benjamins, 2007.

Garber, Nathan. Community Interpretation: A personal View. In R. Roberts, S. E. Carr, D. Abraham and A. Dufour (eds.) *The Critical Link* 2: *Interpreters in the Community. Selected Papers from the Second International Conference on Interpreting in Legal, Health and Social Service*

Settings. Amsterdam/Philadelphia: John Benjamins, 2000.

Garzone and Viezzi, M. (eds) *Interpreting in the 21st Century: Challenges and Opportunities*. Amsterdam and Philadelphia: John Benjamins, 2002.

Gehrke, M. Community Interpreting. In C. Picken (ed.) *Translation-The Vital Link: Proceedings of the XIIIth World Congress of FIT. Vol. I*. London: Institute of Translation and Interpreting, 1993.

Gentile, Adolfo. *et al. Liaison Interpreting. A Handbook* . Melbourne: Melbourne University Press, 1996.

Gerver, D. and Sinaiko, H. W. (eds) *Language Interpretation and Communication: Proceedings of the NATO Symposium, Venice, Italy, September 26-October* 1, 1977. New York and London: Plenum Press, 1978.

Gibbons, P. , Busch, J. and Bradac, J. Powerful versus Powerless Language: Consequences for Persuasion, Impression Formation, and Cognitive Response. *Journal of Language and Social Psychology*. 1991, 10 (2).

Gile, Daniel. Basic Theoretical Components for Interpreter and Translator Training. In Cay Dollerup & Anne Loddegaard (eds.) *Teaching Translation and Interpreting: Training, Talent, and Experience*. Copenhagen Studies in Translation. Amsterdam/Philadelphia: Benjamins, 1992.

Gile, Daniel. Norms in Research on Conference Interpreting: A Response to Theo Hermans and Gideon Toury. *Current Issues in Language and Society*. 1998 (5).

Gile, Daniel. Translation Research versus Interpreting Research: Kinship, Differences and Prospects for Partnership. In Christina Schäffner (ed). *Translation Research and Interpreting Research: Traditions, Gaps and Synergies*. Clevedon, UK: Multilingual Matters, 2004.

Giles, H. and Sasoon, C. The Effect of Speaker's Accent: Social Class Background and Message Style on British Listeners'Social Judgments.

Language and Communication, 1983 (3).

Giovannini, Maria. On Both Sides of the Fence: Report Prepared for the Ontario Ministry of Citizenship. In: *Proceedings of the Evaluation of the Professional Development Seminar for Trainers of Cultural Interpreters held in Toronto*, *August* 26—28, 1992.

Giuliana Garzone and Maurizio Viezzi. Introduction. In Garzone and Viezzi, M. (eds) *Interpreting in the 21st Century: Challenges and Opportunities*. Amsterdam and Philadelphia: John Benjamins, 2002.

Glémet, R. Conference Interpreting. In A. H. Smith (ed.) *Aspects of Translation* (*Studies in Communication*: 2). London: Secker and Warburg, 1958.

Goffman, E. *Forms of Talk*. Oxford: Basil Blackwell, 1981.

Grbic′, Nadja and Sonja Pöllabauer. Counting What Counts: Research on Community Interpreting in German-Speaking Countries-A Scientometric Study. *Target*. 2008, 20: 2.

Gumperz, J. J. and Hymes, D. *Directions in Sociolinguistics*. New York: Holt, Rinehart and Winston, 1972.

Haffis, Brian. Foreword: Community Interpreting-Stage Two. In R. Roberts, S. E. Carr, D. Abraham and A. Dufour (eds.) *The Critical Link 2: Interpreters in the Community. Selected Papers from the Second International Conference on Interpreting in Legal, Health and Social Service Settings*. Amsterdam/Philadelphia: John Benjamins, 2000.

Hale, S. The Interpreter on Trial: Pragmatics in Court Interpreting. In S. E. Carr, R. Roberts, A. Dufour and D. Steyn (eds.) *The Critical Link: Interpreters in the Community*. Amsterdam/Philadelphia: John Benjamins, 1997a.

Hale, S. The Treatment of Register in Court Interpreting. *The Translator*, 1997b, 3 (1).

Hale, S. Interpreting Politeness in Court. A study of Spanish-English Interpreted Proceedings. In S. Campbell and S. Hale (eds.). *Proceedings of* the 2nd *Annual Macarthur Interpreting and Translation Conference*: *Research*, *Training and Practice*. Milperra: UWS Macarthur/ LARC, 1997c.

Hale, S. Interpreters'Treatment of Discourse Markers in Courtroom Questions. *ForensicLinguistics*. 1999, 6 (1).

Hale, S. *The Discourse of Court Interpreting*: *Discourse Practices of the Law*, *the Witness and the Interpreter* . Amsterdam/Philadelphia: John Benjamins Publishing Company, 2004.

Hale, S. The interpreter's Identity Crisis. In J. House, M. R. Martín Ruano and N. Baumgarten (eds.) *Translation and the Construction of Identity*. Seoul: International Association for Translation and Intercultural Studies, 2005.

Hale, S. *Community Interpreting* . New York: Palgrave Macmillan, 2007.

Halliday, M. A. K. *An Introduction to Functional Grammar* . London: Hodder Arnold, 1985.

Harres, A. But Basically You're Feeling Well, Are You? Tag Questions in Medical Consultations. *Health Communication*. 1998 (10).

Hatim, B. and Mason, I. *Discourse and the Translator* . London and New York: Longman, 1990.

Hearn, J. Chesher, T. and Holmes, S. An Evaluation of Interpreter Programmes in Relation to the Needs of a Polyethnic Society and the Implications for Education [Project Notes, Questionnaire, and Summarised Responses], 1981.

Herbert, J. *The Interpreter's Handbook*: *How to Become a Conference Interpreter*, Geneva: Georg, 1952.

Hertog Erik, Language as a Human Right. In Garzone and Viezzi, M. (eds) *Interpreting in the 21st Century*: *Challenges and Opportunities*. Amsterdam and Philadelphia: John Benjamins, 2002.

Hertog Erik. Taking Stock: Research and Methodology in Community Interpreting. In Erik Hertog, and Bart v. d. Beer (eds.) *Taking Stock*: *Re-*

search and Methodology in Community Interpreting. Linguistica Antverpiensia New Series 5. Antwerp: HogerInstituut voor Vertalers en Tolken. 2006.

House, J. *A Model for Translation Quality Assessment.* Tubingen: Gunter Narr Verlag, 1977.

Hymes, D. The Ethnography of Speaking. In T. Gladwin and W. C. Sturtevant (eds.) *Anthropology and Human Behavior.* Washington, DC: Anthropology Society of Washington, 1962.

Ibrahim, Zubaidah. The Interpreter as Advocate: Malaysian Court Interpreting as a Case in Point. In Wadensjö Cecilia, Birgitta Englund Dimitrova and Anna-Lena Nilsson (eds.) *The Critical Link* 4: *Professionalisation of interpreting in the community. Selected papers from the* 4*th International Conference on Interpreting in Legal, Health and Social Service Settings, Stockholm, Sweden, 20—23 May* 2004. Amsterdam/Philadelphia: John Benjamins, 2007.

Idh, Leena. The Swedish System of Authorizing Interpreters. In Wadensjö Cecilia, Birgitta Englund Dimitrova and Anna-Lena Nilsson (eds.) *The Critical Link* 4: *Professionalisation of interpreting in the community. Selected papers from the 4th International Conference on Interpreting in Legal, Health and Social Service Settings, Stockholm, Sweden, 20—23 May* 2004. Amsterdam/Philadelphia: John Benjamins, 2007.

Ingram, R. M. Sign Language Interpretation and General Theories of Language, Interpretation and Communication. In Gerver and Sinaiko (eds.) *Language Interpretation and Communication.* New York-London: Plenum Press, 1978.

Jacobsen, B. Pragmatic Meaning in Court Interpreting: An Empirical Study or Additions in Consecutively Interpreted Question-Answer Dialogues. Unpublished PhD thesis. Netherlands: Aarhus School of Business, 2002.

Jacobsen, B. The Community Interpreter: A Question of Role. *Hermes-*

Journal of Language and Communication Studies. 2009 (42).

Kadirc, M. Dolmetschen bei Gericht. Eine interdisziplinare Untersuchung unter besonderer Berucksichtigung der Lage in Osterreich. Dissertation, Universitat Wien, 2000.

Kalina, S. 1998. Strategische Prozesse beim Dolmetschen. Theoretische Grundlagen, empirische.

Fallstudien, didaktische Konsequenzen . Tübingen: Gunter Narr.

Karttunen, F. *Between Worlds*: *Interpreters*, *Guides*, *and Survivors* . New Brunswick, NJ:

Rutgers University Press, 1994.

Ko, L. (1995). Teaching Dialogue Interpreting. In Cay Dollerup & Anne Loddegaard (eds.) *Teaching Translation and Interpreting*: *Training*, *Talent*, *and Experience*. Copenhagen Studies in Translation. Amsterdam/Philadelphia: Benjamins, 1992.

Krouglov, A. Police Interpreting: Politeness and Sociocultural Context. *The Translator*. 1999, 5 (2).

Kuo, D. and Fagan, M. Satisfaction with Methods of Spanish Interpretation in An Ambulatory Care Clinic. *Journal of General and Internal Medicine*. 1999 (14).

Kurz, I. Conference interpretation: Expectations of Different User Groups. F. Pöchhacker& G. Shlesinger (eds.) *The Interpreting Studies Reader*. London and New York: Routledge, 2002.

Kaufert, P., Joseph M. Kaufert, Lisa LaBine. Research Ethics, Interpreters and Biomedical Research. In Sandra Beatriz Hale, Uldis Ozolins and Ludmila Stern (eds.) *The Critical Link* 5: *Quality in Interpreting-A Shared Responsibility*. Amsterdam/Philadelphia: John Benjamins, 2009.

Kontrimas, J. The Trouble with the Term "Advocacy". Massachusetts Medical Interprters Association Newsletter. 2000 (3).

Lane, Chris. Mis-Communication in Cross Examination. In J. B. Pride (ed.) Cross-Cultural Encounters. Melbourne: River Seine Publications, 1985.

Laster, K. and Taylor, V. *Interpreters and the Legal System*. Sydney: The Federation Press, 1994.

Lee, Jieun. Toward more Reliable Assessment of Interpreting Performance. In Sandra Beatriz Hale, Uldis Ozolins and Ludmila Stern (eds.) *The Critical Link* 5: *Quality in Interpreting-A Shared Responsibility*. Amsterdam/Philadelphia: John Benjamins, 2009.

Longman Dictionary of Contemporary English. Essex: Pearson Education Limited, 2003.

Mackintosh, J. Relay Interpretation: An Exploratory Study. MA Dissertation, Birkbeck College, University of London, 1983.

Maley, Y. and Fahey, R. Presenting the Evidence: Constructions of Reality in Court. *International Journal for the Semiotics of Law V*. 1991 (10).

Marcos, L. R. Effects of Interpreters on the Evaluation of Psychopathology in Non-English-Speaking Patients. American Journal of Psychiatry. 1979, 136 (2).

Mason, I. Introduction. In Mason, Ian (ed.) *Dialogue Interpreting*, *Special Issue of The Translator*, *Volume* 5, *Number* 2. Manchester: St. Jerome Publishing. 1999.

Mason, I. and Stewart, M. Interactional Pragmatics, Face and the Dialogue Interpreter. In I. Mason (ed.) *Triadic Exchanges*: *Studies in Dialogue Interpreting*. Manchester: St. Jerom, 2001.

Mason, I. Conduits, Mediators, Spokespersons: Investigating Translator/Interpreter Behaviour. In C. Schäffner (ed.) *Translation Research and Interpreting Research*: *Traditions*, *Gaps and Synergies*. Clevedon, Buffalo and Toronto: Multilingual Matters, 2004.

Mason I. Role, Positioning and Discourse in Face-to-face Interpreting. In De Pedro Ricoy, R., Perez, I., Wilson, C. (eds.) Interpreting and Translating in Public Service Settings: Policy, Practice, Pedagogy. Manchester: St. Jerome Publishing, 2009.

Merlini, R. and Roberta, F. Community Intepreting: Re-conciliation through Power Management. *The Interpreters'Newsletter*. 2003 (12).

Mesa, A. M. L'interprète Culturel: Un Professionnel Apprécié. Etude sur les Services D'interprét-ation: Le point de vue des Clients, des Intervenants et des Interprètes. Montréal: Régie régionale de la santé et des services sociaux de Montréal-Centre, 1997.

Meyer, Bernd. Medical Interpreting: Some Salient Features. In Garzone and Viezzi, M. (eds) *Interpreting in the 21st Century: Challenges and Opportunities*. Amsterdam and Philadelphia: John Benjamins, 2002.

Michael Suzanne and Marianne Cocchini. Training College Students as Community Interpreters: An Innovative Model. In S. E. Carr, R. Roberts, A. Dufour and D. Steyn (eds.) *The Critical Link: Interpreters in the Community*. Amsterdam/Philadelphia: John Benjamins, 1997.

Mikkelson, H. The Professionalization of Community Interpreting. In M. Jerome-O'Keefe (ed.) Global Vision: Proceedings of the 37th Annual Conference of the American Translators Association. Alexandria, VA: American Translators Association, 1996.

Mikkelson, H. *Introduction to Court Interpreting*. Manchester: St. Jerome Publishing, 2000.

Moeketsi, R. H. *Discourse in a Multicultural and Multilingual Courtroom: A Court Interpreter's Guide*. Pretoria: JL van Schaik, 1999.

Moser-Mercer, B. Paradigms Gained or the Art of Productive Disagreement. In Lambert and Moser-Mercer (eds.) *Bridging the Gap: Empirical Research in Simultaneous Interpretation*. Amsterdam and Philadelphia: John Benjamins, 1994.

Moser, P. Expectations of Users of Conference Interpretation. *Interpreting*. 1996, 1 (2).

Niska, H. *Community Interpreting in Sweden*. Stockholm: Stockholm University, 1998.

Niska, H. Community Interpreter Training: Past, Present, Future. In Giuliana Garzone and Maurizio Viezzi (eds.) *Interpreting in the 21st Century: Challenges and Opportunities. Selected Papers from the 1ˢᵗ Forlì Conference on Interpreting Studies*, 9—11 *November* 2000, Amsterdam: John Benjamins, 2002.

Niska, H. From Helpers to Professionals: Training of Community Interpreters in Sweden. In Wadensjö Cecilia, Birgitta Englund Dimitrova and Anna-Lena Nilsson (eds.) *The Critical Link* 4: *Professionalisation of interpreting in the community. Selected papers from the 4th International Conference on Interpreting in Legal, Health and Social Service Settings, Stockholm, Sweden, 20—23 May* 2004. Amsterdam/Philadelphia: John Benjamins, 2007.

Niska, H. Training Interpreters. Programs, Curricula, Practices. In M. Tennent (ed.) *Training for the New Millennium.* Amsterdam and Philadelphia: John Benjamins, 2005.

O'Barr, W. M. *Linguistics Evidence: Language, Power, and Strategy in the Courtroom .* New York: Academic Press, 1982.

Ortega Herraez J. M., M. I. Abril Marti and Anne Martin, Community Interpreting in Spain: A Comparative Study of Interpreters'Self Perception of Role in Different Settings. In Sandra Beatriz Hale, Uldis Ozolins and Ludmila Stern (eds.) *The Critical Link* 5: *Quality in Interpreting-A Shared Responsibility.* Amsterdam/Philadelphia: John Benjamins, 2009.

Penney Christine and Susan Sammons. Training the Community Interpreter: the Nunavut Arctic College Experience. In S. E. Carr, R. Roberts, A. Dufour and D. Steyn (eds.) *The Critical Link: Interpreters in the Community.* Amsterdam/Philadelphia: John Benjamins, 1997.

Pöchhacker, F. *Simultandolmetschen als Komplexes Handeln .* Tubingen: Gunter Narr, 1994.

Pöchhacker, F. The Evolution of Community Interpreting. *Interpreting.*

1995, 4 (1).

Pöchhacker, F. Language Barriers in Vienna Hospitals. *Ethnicity and Health*. 2000, 5/2.

Pöchhacker, F. Researching Interpreting Quality: Models and Methods. In Garzone and Viezzi, M. (eds) *Interpreting in the 21st Century: Challenges and Opportunities*. Amsterdam and Philadelphia: John Benjamins, 2002.

Pöchhacker F. and M. Shlesinger (eds.) *The Interpreting Studies Reader*. London and New York: Routledge, 2002.

Pöchhacker, F. *Introducing Interpreting Studies* . London and New York: Routledge, 2004.

Pöchhacker, F. Going social? On the Pathways and Paradigms in Interpreting Studies, In Pym Anthony, Miriam Shlesinger and Zuzana Jettmarová (eds.) *Sociocultural Aspects of Translating and Interpreting*. Amsterdam/Philadelphia: John Benjamins, 2006.

Pöchhacker, F and M. Shlesinger. *Healthcare Interpreting: Discourse and Interaction.* . Amsterdam/ Philadelphia: John Benjamins, 2007.

Pöchhacker, F. The Turns of Interpreting Studies. In Gyde Hansen, Andrew Chesterman & Heidrun Gerzymisch-Arbogast (eds) *Efforts and Models in Interpreting and Translation Research. A Tribute to Daniel Gile*. Amsterdam/Philadelphia: John Benjamins, 2008.

Pollitt, K. The State We're in: Some Thoughts on Professionalisation, Professionalism and Practice among the UK's Sign Language Interpreters. *Deaf Worlds*. 1997, 13 (3).

Putsch, R. W. Cross-cultural Communication: The Special Case of Interpreters in Health Care. *Journal of the American Medical Association*. 1985, 254 (23).

Reddy, M. J. The Conduit Metaphor-A Case of Frame Conflict in Our Language about Language. In A. Ortony (ed.) *Metaphor and Thought* London: Cambridge University Press, 1979.

Riccardi, A. 2002. Evaluation in Interpretation: Macrocriteria and Micro-criteria. In E. Huang (ed.) *Teaching Translation and Interpreting* 4: *Building Bridges*. Amsterdam /Philadelphia: John Benjamins, 2002.

Roberts, Roda P. Community Interpreting: Today and Tomorrow. In Peter Krawutschke (ed.) *Proceedings of the 35th Annual Conference of the American Translators Association*. Medford, NJ: Learned Information, 1994.

Roberts, Roda P. Overview of Community Interpreting. In S. E. Carr, R. Roberts, A. Dufour and D. Steyn (eds.) *The Critical Link: Interpreters in the Community*. Amsterdam/Philadelphia: John Benjamins, 1997.

Roberts, Roda P. Interpreter Assessment Tools for Different Settings, In R. Roberts, S. E. Carr, D. Abraham and A. Dufour (eds.) *The Critical Link 2: Interpreters in the Community. Selected Papers from the Second International Conference on Interpreting in Legal, Health and Social Service Settings*. Amsterdam/Philadelphia: John Benjamins, 2000.

Roberts, Roda P. Community Interpreting: A Profession in Search of Its Identity. In E. Huang (ed.) *Teaching Translation and Interpreting* 4: *Building Bridges*. Amsterdam /Philadelphia: John Benjamins, 2002.

Rosenberg, B. A. (2002). A Quantitative Discourse Analysis of Community Interpreting In *Translation: New Ideas for a New Century, Proceedings of XVI World Congress of FIT*, 2002. Montreal, Quebec: Federation of International Translators, 2002.

Roy, Cynthia B. *Interpreting as a Discourse Process* . Oxford: University Process, 2000.

Roy, Cynthia B. Training Interpreters-Past, Present, and Future. In C. Roy (ed.) Innovative Practices for Teaching Sign Language Interpreters. Washington, DC: Gallaudet University Press, 2000.

Rudvin, M. How Neutral is Neutral? Issues in Interaction and Participation in Community Interpreting. In G. Gazone (ed.) *Perspectives on Interpreting*. Gologna: CLUEB, 2002.

Rudvin, M. The Cultural Turn in Community Interpreting: A Brief Analysis of Epistemological Developments in Community Interpreting Literature in the Light of Paradigm Changes in the Humanities. IN Erik Hertog, and Bart v. d. Beer (eds.) *Taking Stock: Research and Methodology in Community Interpreting. Linguistica Antverpiensia New Series* 5. Antwerp: HogerInstituut voor Vertalers en Tolken, 2006.

Rudvin, M. Professionalism and Ethics in Community Interpreting. *Interpreting*. 2007, 9 (1).

Russell, S. Let Me Put It Simply: The Case for a Standard Translation of the Police Caution and Its Explanation. *Forensic Linguistics*. 2000, 7 (1).

Russell, S. Three's a Crowd: Shifting Dynamics in the Interpreted Interview. In J. Cotterill (ed.) *Language in the Legal Process*. New York: Palgrave Macmillan, 2004.

Sacks, H. , E. Schegloff, and G. Jefferson. A Simplest Systematics for the Organization of Turn-taking in Conversation. *Language*. 1974, 50 (4): 696—735.

Sadler, D R. Formative Assessment and the Design of Instructional Systems. *Instructional Science*. 1989, 18.

Sawyer, D. *Fundamental Aspects of Interpreter Education: Curriculum and Assessment* . Amsterdam / Philadelphia: John Benjamins, 2004.

Schiffrin, D. *Discourse Markers* . Cambridge: Cambridge University Press, 1988.

Seleskovitch, D. Interpretation, a Psychological Approach to Translating. In Brislin, R. W.   (ed.) *Translation: Applications and Research*. New York: Gardner Press, 1976.

Shackman, Jane. *The Right to be Understood: A Handbook on Working With, Employing and Training Community Interpreters* . Cambridge, England: National Extension College, 1984.

Sherrill J. Bell. The Challenges of Setting and Monitoring the Standards of Community Interpreting: An Australian Perspective. In S. E. Carr, R.

Roberts, A. Dufour and D. Steyn (eds.) *The Critical Link*: *Interpreters in the Community*. Amsterdam/Philadelphia: John Benjamins, 1997.

Shlesinger, M. Stranger in Paradigms: What Lies Ahead for Simultaneous Interpreting Research?. *Target*. 1995, 7 (1).

Sinclair, J. & Coulthard, R. M. *Towards an Analysis of Discourse*: *The English Used by Teachers and Pupils* . London: Oxford University Press, 1975.

Skaaden, H. , Maria W. Teaching Interpreting in Cyberspace: The Answer to All Our Prayers?. In De Pedro Ricoy, R. , Perez, I. , Wilson, C. (eds.) *Interpreting and Translating in Public Service Settings*: *Policy*, *Practice*, *Pedagogy*. Manchester: St. Jerome Publishing, 2009.

Smirnov, S. An Overview of Liaison Interpreting. *Perspectives*: *Studies in Translatology*. 1997, 5 (2).

Snell-Hornby, M. *The Turns of Translation Studies* . Amsterdam / Philadelphia: John Benjamins, 2006.

Stenzl, C. From Theory to Practice and from Practice to Theory. In L. Gran and J. Dodds (eds.) *The Theoretical and Practical Aspects of Teaching Interpretation*. Udine: Campanotto, 1989.

Stubbe, M. L. C. , Hilder, J. , Vine, E. , Vine, B. , Marra, M. , Holmes, J. and Weatherall, A. Multiple Discourse Analyses of a Workplace Interaction. *Discourse Studies*. 2003, 5 (3).

Suzanne, M. and Marianne, C. Training College Students as Community Interpreters: An Innovative Model. In S. E. Carr, R. Roberts, A. Dufour and D. Steyn (eds.) *The Critical Link*: *Interpreters in the Community*. Amsterdam/Philadelphia: John Benjamins, 1997.

Taibi, M. and Martin, A. Training Public Service Translators and Interpreters: Difficulties in an Uncharted Field. In J. Kearns (ed.) *Translation Ireland* (17: 1). *Special Issue*: *New Vistas in Translator and Interpreter Training*. Dublin: Irish Translators'and Interpreters'Association, 2006.

Tannen, D. *Conversational Style*: *Analyzing Talk among Friends* . Norwood, N. J. : Ablex, 1984.

Tebble, Helen. 1991. Towards a Theory of Interpreting. In Hellander, P. (ed.). *Processings of the 13th Conference of Interpreter and Translator Educators'Association of Auatralia*. Adelaide: South Australian College of Advanced Education, 1991.

Tebble, Helen. What Can Interpreters Learn from Discourse Studies?. In Sandra Beatriz Hale, Uldis Ozolins and Ludmila Stern (eds.) *The Critical Link* 5: *Quality in Interpreting-A Shared Responsibility*. Amsterdam/Philadelphia: John Benjamins, 2009.

Tillmann, Maria. The Pragmatic Significance of Modal Particles in an Interpreted German Asylum Interview. De Pedro Ricoy, R., Perez, I., Wilson, C. (eds.) *Interpreting and Translating in Public Service Settings*: *Policy, Practice, Pedagogy*. Manchester: St. Jerome Publishing, 2009.

Titscher, S., Meyer, M., Wodak, R. and Vetter, E. *Methods of Text and Discourse Analysis* . London: Sage, 2003.

Tommola, J. (ed.) *Topics in Interpreting Research* Turku: University of Turku, Centre for Translation and Interpreting, 1995.

Toury, G. *Descriptive Translation Studies and Beyond* . Amsterdam and Philadelphia: John Benjamins, 1995.

Tseng, J. Interpreting as an Emerging Profession in Taiwan-a Sociological Model. M. A thesis. Fu Jen Catholic University, Taipeh, 1992.

Vermeer, Hans J. Skopos and Commission in Translational Action. In A. Chesterman (ed.). *Readings in Translation Theory*. Finland: Oy Finn Lectura Ab., 1989.

Valero-Garcés, C. (2003). Responding to Communication Needs: Current Issues and Challenges in Community Interpreting and Translation in Spain. In Brunette, L., Bastin, G., Hemlin, I. and Clarke, H. (eds.) *The Critical Link* 3 , *Interpreters in the Community*. Amsterdam/Philadelphia: John Benjamins, 2003.

Van den Bogerde, B. Interpreter Training from Scratch. In Wadensjö Cecilia, Birgitta Englund Dimitrova and Anna-Lena Nilsson (eds.) *The Critical Link* 4: *Professionalisation of interpreting in the community. Selected papers from the 4th International Conference on Interpreting in Legal, Health and Social Service Settings, Stockholm, Sweden,* 20—23 *May* 2004. Amsterdam/Philadelphia: John Benjamins, 2007.

Viaggio, Sergio. The Quest for Optimal Relevance: The Need to Equip Students with a Pragmatic Compass. In Garzone and Viezzi, M. (eds.) *Interpreting in the 21st Century: Challenges and Opportunities.* Amsterdam and Philadelphia: John Benjamins, 2002.

Viezzi, M. *Aspetti Della Qualità in Interpretazione* . Trieste: SSLMIT, Università degli Studi di Trieste, 1996.

Wadensjö, Cecilia. Recycled Information of a Questioning Strategy: Pitfalls in Interpreter-mediated Talk. In S. E. Carr, R. Roberts, A. Dufour and D. Steyn (eds.) *The Critical Link: Interpreters in the Community.* Amsterdam/Philadelphia: John Benjamins, 1997.

Wadensjö, Cecilia. *Interpreting as Interaction* . New York: Longman, 1998.

Wiegand, Chriss. Role of Interpreter in the Healing of a Nation. In R. Roberts, S. E. Carr, D. Abraham and A. Dufour (eds.) *The Critical Link* 2: *Interpreters in the Community. Selected Papers from the Second International Conference on Interpreting in Legal, Health and Social Service Settings.* Amsterdam/Philadelphia: John Benjamins, 2000.

Winston, E. and Monikowski, C. Discourse Mapping: Developing Textual Coherence Skills in Interpreters. In C. Roy (ed.) *Innovative Practices for Teaching Sign Language Interpreters.* Washington, DC: Gallaudet University Press, 2000.

中文书目

郭著章、李庆生:《英汉互译实用教程》(修订版),武汉大学出版社 1997 年版。

柯平：《英汉与汉英翻译教程》，北京大学出版社 1991 年版。

任文：《联络口译过程中译员主体性意识研究》，外语教学与研究出
　　版社 2010 年版。

社区口译研究常用网址

1. 0　Bibliographies

BITRA：Bibliography of Interpreting and Translation

→https：//aplicacionesua. cpd. ua. es/tra_ int/usu/buscar. asp? idi-
oma = en

Benjamines Translation Studies Bibliography

→http：//www. benjamins. com/online/tsb/

Translation Studies Abstracts Online (St. Jerome Publishing)

→https：//www. stjerome. co. uk/tsa/

European Society for Translation Studies

→http：//www. est-translationstudies. org/

Holly Mikkelson's downloadable articles

→ http：//www. acebo. com/papers/pmenu. htm

Research in Medical Interpretation-Bibliography and articles

→ http：//www. ncihc. org/resources

The Critical Link

→ http：//www. criticallink. org/

AIIC Bibliography on Interpretation

→ http：//aiic. net/node/60/bibliography/lang/1

Bibliography on Court & Legal Interpreting (R. Morris)

→ http：//www. aiic. net/ViewPage. cfm? page_ id = 235

2. 0　Journals

Babel (FIT/John Benjamins, Amsterdam)

→http：//www. benjamins. nl/cgi-bin/t_ seriesview. cgi? series = ba-
bel

Translator（St. Jerome Publishing）

→https：//www. stjerome. co. uk/tsa/journal/1/

The Interpreter and Translator Trainer（ITT）

→https：//www. stjerome. co. uk/tsa/journal/2/

The Sign Language Interpreter and Translator（St Jerome，Manchester）

→https：//www. stjerome. co. uk/tsa/journal/3/

Forensic Linguistics：The International Journal of Speech，Language and the Law

→https：//www. equinoxpub. com/journals/index. php/IJSLL/index

Journal of Interpretation（published by the Registry of Interpreters for the Deaf）

→http：//www. rid. org/publications/joi/index. cfm/AID/112

Journal of Language and Intercultural Communication（published by Multilingual Matters）

http：//ialic. net/? page_ id = 17

Meta（Presses Universitaires de Montréal）

→http：//www. erudit. org/en/revue/meta/

The Interpreters'Newsletter（Scuola Superiori di Lingue Moderne per Interpreti e Traduttori，Trieste）

→http：//www. sslmit. units. it